Dieses Taschenbuch enthält fünfzig Briefe – zum Teil wirkliche Briefe, zum Teil Feuilletons in Briefform – von Plinius dem jüngeren, der um das Jahr 100 im kaiserlichen Rom gelebt hat. Er war erfolgreicher Rechtsanwalt und Staatsdiener in hohen Ämtern, er war ein kultivierter, liebenswürdiger, redlicher, hilfsbereiter Mensch, und er war ein kluger Beobachter dessen, was um ihn herum geschah.

Alles, was er aufgezeichnet hat, ist für uns interessant zu lesen – mindestens als Illustration, als Curiosum, als Novella. In tieferes Nachdenken versetzen einen heutigen Leser die Briefe, in denen sich der Umbruch der Zeitalter erkennen läßt: Die Kaiser Nero und Domitian (und einige dazwischen) sind tot – eine schreckliche Vergangenheit ist zu bewältigen – die Schergen von damals machen wieder recht gute Geschäfte – aber abseits von alledem gibt es schon Menschen mit einem ganz neuen Glauben . . .

Dem lateinischen Originaltext ist in Paralleldruck eine deutsche Übersetzung beigegeben, die den Versuch macht, den elegant lapidaren Stil des Plinius einzufangen. Eine einführende Notiz und kurzgefaßte Anmerkungen erleichtern das Verständnis.

dtv zweisprachig · Edition Langewiesche-Brandt

GAIVS PLINIVS CAECILIVS SECVNDVS

EPISTVLAE

BRIEFE

Auswahl und Übersetzung von Curt Loehning

dtv

Deutscher Taschenbuch Verlag

Curtio Loehning hoc exegimus monumentum
si non aere at tumulo certe perennius.

Originalausgabe Juli 1984. 7.–9. Tausend Oktober 1987
Umschlagentwurf: Celestino Piatti
Gesamtherstellung: Kösel, Kempten
ISBN 3-423-09194-0. Printed in Germany

Inhaltsübersicht

Gaius Plinius Caecilius Secundus wurde im Jahre 61 oder 62 – während der Regierung des Kaisers Nero – in Novum Comum am Larius (das heißt: in Como am Comer See) geboren. Sein Vater L. Caecilius Secundus, ein wohlhabender Römischer Ritter, starb früh. Die Mutter Plinia zog – während der Regierung des Kaisers Vespasian – mit ihrem Sohn nach Rom zu ihrem älteren Bruder C. Plinius, dem Autor der Naturalis Historia, der hohe Ämter innehatte und sehr wohlhabend war. Der ältere Plinius, der im Jahre 79 – während der kurzen Regierung des Kaisers Titus – beim Ausbruch des Vesuv umkam, adoptierte seinen Neffen testamentarisch. So war Plinius von väterlicher wie von mütterlicher bzw. adoptivväterlicher Seite her ein reicher Erbe.

Er hatte es darauf abgesehen, hohe Staatsämter zu erhalten. Dazu mußte er zunächst Heeresdienst geleistet haben, als Stabsoffizier, in einer Provinz. Dann mußte er sich als Redner einen Namen machen, typischerweise bei Gerichtsverhandlungen. Und schließlich mußte der Kaiser auf ihn aufmerksam werden und ihm Gelegenheit geben, sich hervorzutun. Alles geschah so. Der wohlwollende Herrscher war Domitian, der zunächst vielversprechende, aber dann – aus Argwohn? – zum Tyrannen entartende Kaiser.

Plinius gehörte wie sein Freund Tacitus nicht direkt zum Widerstand, aber er scheint bedrohten Freunden geholfen zu haben und kurz vor dem Ende Domitians durch eine Denuntiation selber bedroht gewesen zu sein. Jedenfalls zählten ihn offenbar die Domitian-Gegner zu den Ihren, und so wurde Plinius von den beiden folgenden segensreichen Kaisern in den engsten Kreis gezogen: von Nerva (96–98) und dann von Traian (98–117). Nachdem er – anscheinend ohne Bruch durch den Machtwechsel nach Domitian – zahlreiche hauptstädtische Ämter innegehabt hatte, erhielt er schließlich im Jahre 111 die Statthalterschaft in Bithynien und Pontus. Dort – in Kleinasien – ist er gestorben, wahrscheinlich im Jahre 113, also mit Anfang fünfzig.

Plinius war, nachdem er zwei Ehefrauen jung verloren hatte, bis zu seinem Tode glücklich – wenn auch, zum Kummer beider, kinderlos – verheiratet mit Calpurnia, Tochter des Römischen Ritters L. Calpurnius Fabatus aus seiner Heimatstadt Comum. Neben seiner Anwaltstätigkeit und dem Dienst an der Res publica war ihm die Kultur seines Privatlebens überaus wichtig. Dazu gehörte die Ehe und die weitere Familie, dazu gehörten viele Freunde, die Landsleute, die Nachbarn, das Dienstpersonal – er war überaus hilfsbereit und überaus großzügig mit gemeinnützigen Spenden und Stiftungen.

Als etwas sehr Wichtiges gehörten zu seinem Leben die Bücher; aus ihnen bezog er die Maßstäbe für richtiges Menschen- und Römertum – gern wäre er ein großer Mann der Geschichte geworden, wie es Cicero – auch nicht eigentlich gewesen war. Seltsame Naturphänomene waren ihm immer interessant, sowohl selbst beobachtete wie auch solche, die er nur erzählen hörte. Menschen-Schicksale beschäftigten ihn, Curiosa amüsierten ihn, der Verfall des Geschmacks und der Sitten machte ihn beklommen – und immer wieder geht es ihm um die Bewältigung der Vergangenheit.

Von alledem – Öffentlichem wie Privatem – spricht er in seinen Briefen, die darum ein vielsagendes Bilderbuch aus dem Alten Rom sind. Es sind nur zum Teil Briefe in unserem Sinn. Zum Teil sind es auch literarische Medaillons, gestaltete (und jeweils einem Freunde zugeeignete) Äußerungen eines gebildeten Römers, der sich nicht zu gut ist, am gewöhnlichen Leben mitzuwirken, der aber immer einen Über-Blick behalten und bieten möchte.

Das vorliegende Taschenbuch enthält 50 von den 364 Briefen des zehnbändigen Gesamtwerkes. Ein Verzeichnis der ausgewählten Briefe mit Stichworten und Sachanmerkungen sowie bibliographische und editorische Notizen befinden sich am Schluß des Buches.

I,1 C. PLINIVS SEPTICIO CLARO SVO S.

Frequenter hortatus es ut epistulas, si quas
9 paulo curatius scripsissem, colligerem pu-
blicaremque. Collegi non servato temporis
ordine (neque enim historiam compone-
bam), sed ut quaeque in manus venerat.
Superest ut nec te consilii nec me paeniteat
obsequii. Ita enim fiet, ut eas quae adhuc
neglectae iacent requiram et si quas addi-
dero non supprimam. Vale.

I,3 C. PLINIVS CANINIO RVFO SVO S.

Quid agit Comum, tuae meaeque deliciae? quid suburbanum amoenissimum, quid illa porticus verna semper, quid platanon opacissimus, quid euripus viridis et gemmeus, quid subiectus et serviens lacus, quid illa mollis et tamen solida gestatio, quid balineum illud quod plurimus sol implet et circumit, quid triclinia illa popularia illa paucorum, quid cubicula diurna nocturna? Possident te et per vices partiuntur? an, ut solebas, intentione rei familiaris obeundae crebris excursionibus avocaris? Si possident, felix beatusque es; si minus «unus ex multis».

Quin tu (tempus enim) humiles et sordi-
das curas aliis mandas, et ipse te in alto isto
pinguique secessu studiis adseris? Hoc sit
negotium tuum hoc otium; hic labor haec
8 quies; in his vigilia, in his etiam somnus
9 reponatur. Effinge aliquid et excude, quod

An Septicus

Schon oft hast Du mich ermuntert, daß ich meine Briefe, soweit ich sie mit etwas mehr Sorgfalt geschrieben hätte, sammeln und veröffentlichen solle. Ich habe sie also gesammelt, ohne die zeitliche Ordnung zu wahren (ich wollte ja nicht ein Geschichtswerk zusammenstellen), sondern wie sie mir gerade in die Hände kamen. Nun bleibt zu hoffen, daß es weder Dich reut, mir den Rat gegeben, noch mich, ihn befolgt zu haben. Dann wird es so kommen, daß ich die Briefe, die bis jetzt unbeachtet daliegen, heraussuche und solche, die ich vielleicht noch anreihen werde, nicht unterdrücke.

An Caninius

Was macht Como, Deine und meine Wonne? Das allerliebste Landgut? Der stets frühlingsgrüne Säulengang? Die so gründlich Schatten spendende Platane? Der Seearm, grün und glasklar? Der nahe nützliche See? Die Allee mit dem lockeren und doch festen Boden? Und das Bad, das der volle Sonnenschein ausfüllt und umstrahlt? Die Speiseräume für zahlreiche und die für wenige Gäste? Die Ruheräume für den Tag und für die Nacht? Halten sie Dich abwechselnd in ihrem Besitze fest? Oder wirst Du wie gewöhnlich immerzu von der Sorge um Familienangelegenheiten zu Reisen fortgerufen? Wenn jene Räume Dich ganz festhalten, bist Du überglücklich; wenn nicht so ganz, bist Du nur «einer von vielen».

Warum überträgst Du nicht (es wäre an der Zeit!) die niedrigen und lästigen Sorgen auf andere und gibst Dich in so einer erhabenen, genießerischen Zurückgezogenheit Deinen Studien hin? Sie sollten Deine Tätigkeit und Deine Muße sein, Deine Arbeit und Deine Ruhe; in ihnen sollte Dein Wachen und Dein Schlafen beschlossen sein. Erfinde und

sit perpetuo tuum. Nam reliqua rerum tuarum post te alium atque alium dominum sortientur, hoc numquam tuum desinet esse si semel coeperit.

Scio quem animum, quod horter ingenium; tu modo enitere ut tibi ipse sis tanti, quanti videberis aliis si tibi fueris. Vale.

I,5 C. PLINIVS VOCONIO ROMANO SVO S.

Vidistine quemquam M. Regulo timidiorem humiliorem post Domitiani mortem? sub quo non minora flagitia commiserat quam sub Nerone sed tectiora. Coepit vereri ne sibi irascerer, nec fallebatur: irascebar. Rustici Aruleni periculum foverat, exsultaverat morte; adeo ut librum recitaret publicaretque, in quo Rusticum insectatur atque etiam «Stoicorum simiam» adpellat, adicit «Vitelliana cicatrice stigmosum» (agnoscis eloquentiam Reguli), lacerat Herennium Senecionem tam intemperanter quidem, ut dixerit ei Mettius Carus «Quid tibi cum meis mortuis? Numquid ego Crasso aut Camerino molestus sum?» quos ille sub Nerone accusaverat. Haec me Regulus dolenter tulisse credebat, ideoque etiam cum recitaret librum non adhibuerat.

Praeterea reminiscebatur, quam capitaliter ipsum me apud centumviros lacessisset. Aderam Arrionillae Timonis uxori, rogatu Aruleni Rustici; Regulus contra. Nitebamur nos in parte causae sententia Metti Modesti optimi viri: is tunc in exsilio erat, a
10 Domitiano relegatus. Ecce tibi Regulus
11 «Quaero», inquit, «Secunde, quid de Mode-

erdenke etwas, das auf ewig Dein ist! Denn Deine übrigen Besitztümer werden nach Dir auf einen anderen und wieder auf einen anderen Besitzer kommen. Was aber einmal Dein geworden ist, wird niemals aufhören, es zu sein.

Ich weiß, was für einen Geist, was für einen Verstand ich da ermahne. Also nimm Dir vor, daß Du Dir selbst so viel wert bist, wie Du in den Augen anderer sein wirst, wenn Du es Dir selbst gewesen bist!

An Romanus

Hast Du jemals einen gesehen, der feiger und knechtischer wäre als M. Regulus nach dem Tod Domitians, unter dem er nicht weniger Schimpfliches begangen hatte als unter Nero, bloß mehr im Verborgenen? Er begann zu fürchten, ich könnte zornig auf ihn sein, und er irrte sich nicht: ich wurde es. Im Prozeß gegen Rusticus Arulenus war er voller Eifer gewesen; über seinen Tod hatte er frohlockt, so sehr, daß er einen Text vortrug und veröffentlichte, in dem er Rusticus verhöhnte und ihn einen «Nachäffer der Stoiker» nannte; er setzte hinzu: «mit dem Brandmal des Vitellius gezeichnet». Du kennst das Schandmaul des Regulus. Den Herennius Senecio macht er herunter, und zwar so maßlos, daß ihm Mettius Carus bedeutete: «Was hast du denn mit meinen Toten? Lade ich etwa auf Crassus oder Camerinus etwas ab?» Die hatte er nämlich unter Nero angeklagt. Das alles, glaubte Regulus, habe ich sehr übel genommen; deshalb hatte er mich auch, als er seinen Text vortrug, nicht hinzugezogen.

Außerdem wußte er noch, wie er mich selber, was meinen Kopf kosten konnte, vor den Centumvirn herausgefordert hatte. Ich war damals Beistand für Arrionilla, Timos Frau, auf die Bitte von Arulenus Rusticus. Regulus war mein Gegner. Ich stützte mich für einen Teil der Streitsache auf die Auffassung des Mettius Modestus, eines ausgezeichneten Mannes; der war damals im Exil, von Domitian verbannt. Da sagt doch der Regulus: «Ich frage dich, Secundus, wie du Modestus

sto sentias.» Vides quod periculum, si respondissem «bene»; quod flagitium si «male». Non possum dicere aliud tunc mihi quam deos adfuisse. «Respondebo» inquam «si de hoc centumviri iudicaturi sunt.» Rursus ille: «Quaero, quid de Modesto sentias.» Iterum ego: «Solebant testes in reos, non in damnatos interrogari.» Tertio ille: «Non iam quid de Modesto, sed quid de pietate Modesti sentias quaero.» «Quaeris» inquam »quid sentiam; at ego ne interrogare quidem fas puto, de quo pronuntiatum est.» Conticuit; me laus et gratulatio secuta est, quod nec famam meam aliquo responso utili fortasse, inhonesto tamen laeseram, nec me laqueis tam insidiosae interrogationis involueram.

Nunc ergo conscientia exterritus adprehendit Caecilium Celerem, mox Fabium Iustum; rogat ut me sibi reconcilient. Nec contentus pervenit ad Spurinnam; huic suppliciter, ut est cum timet abiectissimus: «Rogo mane videas Plinium domi, sed plane mane (neque enim ferre diutius sollicitudinem possum), et quoquo modo efficias, ne mihi irascatur.» Evigilaveram; nuntius a Spurinna: «Venio ad te.» «Immo ego ad te.» Coimus in porticum Liviae, cum alter ad alterum tenderemus. Exponit Reguli mandata, addit preces suas, ut decebat optimum virum pro dissimillimo, parce. Cui ego: «Dispicies ipse quid renuntiandum Regulo putes. Te decipi a me non oportet. Exspecto Mauricum» (nondum ab exsilio venerat): «ideo nihil alterutram in partem respondere tibi possum, facturus quidquid ille decreve-
12 rit; illum enim esse huius consilii ducem,
13 me comitem decet.»

findest.» Du siehst, wie gefährlich es gewesen wäre, wenn ich «gut», wie schmachvoll, wenn ich «schlecht» geantwortet hätte. Ich kann nichts anderes sagen, als daß mir da die Götter beigestanden haben. «Ich werde deine Frage beantworten, wenn die Centumvirn es beschließen werden», sagte ich. Darauf wieder er: »Ich frage, was du von Modestus hältst.» Ich abermals: «Zeugen vernimmt man über Angeklagte, nicht über Verurteilte.»

Ein drittes Mal er: «Nicht, was du von Modestus, sondern was du von seiner Gesinnung hältst, will ich wissen.» – «Du verhörst mich ja geradezu; aber nicht einmal eine einfache Frage halte ich für erlaubt, wenn einer verurteilt ist.» Da schwieg er. Für mich folgten daraus Lob und Glückwünsche, weil ich weder mein Ansehen durch eine vielleicht vorteilbringende, aber ehrwidrige Antwort geschädigt, noch mich in den Fallstricken einer so tückischen Fragerei verfangen hatte.

Jetzt aber greift er sich, vom Gewissen beunruhigt, erst den Caecilius Celer, bald darauf den Fabius Justus, bittet, sie möchten mich wieder mit ihm in Verbindung bringen; dort erfolglos, kommt er noch zu Spurinna; zu ihm, unterwürfig wie er ist, wenn er sich in höchster Angst befindet: «Bitte suche morgen früh den Plinius in seinem Hause auf, aber ganz früh (denn ich kann meine Besorgnis nicht länger ertragen), und bring irgendwie fertig, daß er mir nicht mehr zürnt.» Ich war gerade erwacht; ein Bote von Spurinna: «Ich komme zu dir.» – «Nein, ich zu dir.» Wir treffen in der Säulenhalle der Livia aufeinander, da jeder zum anderen unterwegs war. Er legt mir den Auftrag des Regulus dar, fügte seine eigene Fürbitte hinzu, in knappen Worten, wie es ein vortrefflicher Mann für einen ganz anders gearteten tun sollte. Ich antwortete ihm: «Überlege dir selber, was du dem Regulus berichten zu müssen glaubst. Dir sollte ich nichts vorenthalten. Ich erwarte den Mauricus (er war noch nicht aus der Verbannung zurückgekehrt); darum kann ich dir weder in dem einen noch in dem anderen Sinne antworten; ich werde tun, was er bestimmen wird. Er muß in dieser Sache vorausgehen, ich kann ihm nur folgen.»

Paucos post dies ipse me Regulus convenit in praetoris officio; illuc persecutus secretum petit; ait timere se ne animo meo penitus haereret, quod in centumvirali iudicio aliquando dixisset, cum responderet mihi et Satrio Rufo: «Satrius Rufus, cui non est cum Cicerone aemulatio et qui contentus est eloquentia saeculi nostri.» Respondi nunc me intellegere maligne dictum quia ipse confiteretur, ceterum potuisse honorificum existimari. «Est enim» inquam «mihi cum Cicerone aemulatio, nec sum contentus eloquentia saeculi nostri; nam stultissimum credo ad imitandum non optima quaeque proponere. Sed tu qui huius iudicii meministi, cur illius oblitus es, in quo me interrogasti, quid de Metti Modesti pietate sentirem?» Expalluit notabiliter, quamvis palleat semper, et haesitabundus: «Interrogavi non ut tibi nocerem, sed ut Modesto.» Vide hominis crudelitatem, qui se non dissimulet exsuli nocere voluisse. Subiunxit egregiam causam: «Scripsit» inquit «in epistula quadam, quae apud Domitianum recitata est: ‹Regulus, omnium bipedum nequissimus›»; quod quidem Modestus verissime scripserat.

Hic fere nobis sermonis terminus; neque enim volui progredi longius, ut mihi omnia libera servarem dum Mauricus venit. Nec me praeterit esse Regulum δυσκαθαίρετον; est enim locuples factiosus, curatur a multis, timetur a pluribus, quod plerumque fortius amore est. Potest tamen fieri ut haec concussa labantur; nam gratia malorum tam infida est quam ipsi.

Verum, ut idem saepius dicam, exspecto
14 Mauricum. Vir est gravis prudens, multis
15 experimentis eruditus, et qui futura possit

Wenige Tage später traf ich mit Regulus bei der Amtseinführung des Prätors zusammen; dorthin war er mir gefolgt, und nun bat er mich um ein vertrauliches Gespräch. Er sagte: er befürchte, in mir möchte hängen geblieben sein, was er einmal vor dem Gericht der Centumvirn gesagt habe, als er gegen mich und Satrius Rufus aufgetreten sei: «Satrius Rufus, der es nicht dem Cicero gleichtun will, der vielmehr mit der Redekunst unserer Zeit zufrieden ist.» Ich antwortete, daß ich das erst jetzt als boshaften Ausspruch erkennte, da er selbst es gestehe; eigentlich habe man das doch als einen Lobspruch auffassen können. «Denn», sagte ich, «ich will wirklich dem Cicero gleichen, und keineswegs bin ich mit der heutigen Redekunst zufrieden; denn ich halte es für höchst töricht, sich nicht immer das Beste zum Vorbild zu nehmen. Aber da du dich an diese Gerichtsverhandlung erinnerst, warum hast du jene vergessen, in der du mich fragtest, was ich von der Staatstreue des Mettius Modestus hielte?» Er erbleichte sichtlich, obwohl er sowieso bleich ist, und brachte stotternd heraus: «Ich fragte dich nicht, um dir, sondern um dem Modestus zu schaden.» Da siehst Du die Gefühllosigkeit des Menschen, der offen eingesteht, er habe einem Verbannten schaden wollen. Er schob noch eine glanzvolle Begründung nach: «Modestus hat in einem Brief, der vor Domitian verlesen wurde, geschrieben: ‹Regulus, der Nichtswürdigste unter allen Zweifüßlern›.» Da hatte Modestus wirklich etwas sehr Richtiges geschrieben!

Das ungefähr war das Ende unseres Gespräches, und ich wollte ihm nicht weiter zusetzen, damit ich mir alles freihielte, bis Mauricus zurückkäme. Denn mir entgeht nicht, daß Regulus schwer unterzukriegen ist; er ist wohlhabend, hat seine Parteigänger, wird von vielen umschmeichelt und von noch mehr gefürchtet – das ist meistens mächtiger als Zuneigung. Dennoch kann es geschehen, daß das alles wankt und stürzt: Parteilichkeit für Bösewichte ist so unzuverlässig wie die Bösewichte selbst.

Kurz, um es noch einmal zu sagen: ich erwarte den Mauricus. Er ist ein bedeutender, kluger, in vielen Erfahrungen gereifter Mann, einer, der das Künftige aus dem Vergan-

ex praeteritis providere. Mihi et temptandi aliquid et quiescendi illo auctore ratio constabit.

Haec tibi scripsi, quia aequum erat te pro amore mutuo non solum omnia mea facta dictaque, verum etiam consilia cognoscere. Vale.

I,6 C. PLINIVS CORNELIO TACITO SVO S.

Ridebis, et licet rideas. Ego, ille quem nosti, apros tres et quidem pulcherrimos cepi. «Ipse?» inquis. Ipse; non tamen ut omnino ab inertia mea et quiete discederem. Ad retia sedebam; erat in proximo non venabulum aut lancea, sed stilus et pugillares; meditabar aliquid enotabamque, ut si manus vacuas, plenas tamen ceras reportarem.

Non est quod contemnas hoc studendi genus; mirum est ut animus agitatione motuque corporis excitetur; iam undique silvae et solitudo ipsumque illud silentium quod venationi datur, magna cogitationis incitamenta sunt.

Proinde cum venabere, licebit auctore me ut panarium et laguncülam sic etiam pugillares feras: experieris non Dianam magis montibus quam Minervam inerrare. Vale.

I,8 C. PLINIVS POMPEIO SATVRNINO SVO S.

Peropportune mihi redditae sunt litterae tuae quibus flagitabas, ut tibi aliquid ex scriptis meis mitterem, cum ego id ipsum
16 destinassem. Addidisti ergo calcaria sponte
17 currenti, pariterque et tibi veniam recusandi

genen vorauszusehen vermag. Für mich wird vom Entscheid dieses Mannes abhängen, ob ich noch etwas unternehme oder Ruhe gebe.

Dies habe ich Dir geschrieben, weil es sich gehörte, bei unserer Zuneigung füreinander, daß Du nicht nur alle meine Handlungen und Äußerungen, sondern auch meine Überlegungen kennst.

An Tacitus

Du wirst lachen und Du darfst lachen. Ich – ja, der, den Du kennst – habe drei Keiler gefangen und sogar sehr prächtige. «Selber?» fragst Du. Selber. Doch so, daß ich überhaupt nicht von meiner Faulheit und Geruhsamkeit abgewichen bin. An den Netzen saß ich; in greifbarer Nähe kein Jagdspieß, keine Lanze, sondern nur Griffel und Schreibtäfelchen. Ich dachte über irgendetwas nach und schrieb es auf, um wenn schon mit leeren Händen, doch mit vollen Tafeln zurückzukommen.

Du solltest diese Art geistiger Arbeit nicht geringschätzen; es ist wunderbar, wie der Geist durch Betätigung und Bewegung des Körpers angeregt wird; die Wälder ringsumher, die Einsamkeit und vor allem die Stille, die zur Jagd gehört, sind starke Anreize für das Denken.

Darum: wenn Du jagen willst, folge meinem Rat und nimm außer Brotkorb und Trinkfläschchen auch die Schreibtafel mit. Du wirst erfahren, daß ebenso wie Diana auch Minerva durchs Waldgebirge geistert.

An Saturninus

Sehr willkommen war es mir, Deinen Brief zu erhalten, in dem Du mich drängst, daß ich Dir etwas von meinen Arbeiten schicken solle, da ich das gerade selber beschlossen hatte. Du hast also einem, der schon von selber am Rennen war, die Sporen gegeben; damit hast Du Dir erspart, das

laboris et mihi exigendi verecundiam sustulisti. Nam nec me timide uti decet eo quod oblatum est, nec te gravari quod depoposcisti.

Non est tamen quod ab homine desidioso aliquid novi operis exspectes. Petiturus sum enim ut rursus vaces sermoni quem apud municipes meos habui bibliothecam dedicaturus. Memini quidem te iam quaedam adnotasse, sed generaliter; ideo nunc rogo ut non tantum universitati eius attendas, verum etiam particulas qua soles lima persequaris. Erit enim et post emendationem liberum nobis vel publicare vel continere. Quin immo fortasse hanc ipsam cunctationem nostram in alterutram sententiam emendationis ratio deducet, quae aut indignum editione dum saepius retractat inveniet, aut dignum dum id ipsum experitur efficiet.

Quamquam huius cunctationis meae causae non tam in scriptis quam in ipso materiae genere consistunt: est enim paulo quasi gloriosius et elatius. Onerabit hoc modestiam nostram, etiamsi stilus ipse pressus demissusque fuerit, propterea quod cogimur cum de munificentia parentum nostrorum tum de nostra disputare. Anceps hic et lubricus locus est, etiam cum illi necessitas lenocinatur. Etenim si alienae quoque laudes parum aequis auribus accipi solent, quam difficile est obtinere, ne molesta videatur oratio de se aut de suis disserentis! Nam cum ipsi honestati tum aliquanto magis gloriae eius praedicationique invidemus, atque ea demum recte facta minus detorquemus et carpimus, quae in obscuritate et silentio reponuntur.

Verweigern einer Bemühung entschuldigen zu müssen – und mir die Peinlichkeit, einen Auftrag auszuführen. Und ich muß nicht zaghaft auf das Angebot eingehen, und Du wirst nicht beschwert sein von dem, was Du mir abverlangt hast.

Es ist freilich nicht so, daß Du von einem faulen Menschen ein neues Werk erwarten darfst. Ich will Dich nämlich bitten, daß Du Dir noch einmal Zeit nimmst für die Rede, die ich vor meinen Mitbürgern hielt, als ich ihnen die Bibliothek übergab. Ich erinnere mich zwar, daß Du schon einiges dazu angemerkt hast, aber nur allgemein; daher bitte ich Dich jetzt, daß Du nicht nur auf das Ganze achtest, sondern auch die Einzelheiten mit Deiner bekannten Feile durchgehst. Es würde mir ja auch noch nach der Bearbeitung freistehen, den Text zu veröffentlichen oder zurückzuhalten. Wird nicht vielleicht eine kluge Durchsicht in meiner besagten Unschlüssigkeit zu dieser oder jener Entscheidung führen – eine Durchsicht, die den Text entweder, indem sie ihn mehrfach durcharbeitet, als unwert erweist, oder, bei eben dieser Erprobung, für wert befindet.

Allerdings liegen die Ursachen meines Zögerns nicht so sehr in der Form der Abfassung, sondern im Inhalt. Er ist nämlich ein bißchen zu prahlerisch, zu protzig. Das wird meine zurückhaltende Art belasten, auch wenn der Stil selbst knapp und schlicht gewesen sein wird, und zwar deshalb, weil ich genötigt bin, sowohl von der Gebefreudigkeit meiner Eltern wie von meiner eigenen zu sprechen. Es ist ein zweifelhaftes und schlüpfriges Pflaster, auch wenn hier die Notwendigkeit Kupplerin ist.

Denn schon Lobsprüche für Freunde finden selten freundliches Gehör; wie schwer ist es da zu bewirken, daß eine Rede über sich selbst oder seine Angehörigen nicht als lästig empfunden wird! Schon auf Ehre und Tugend selbst, um wieviel mehr auf ihre Verherrlichung und Berühmung sieht man scheel. Nur solche guten Taten verdrehen und zerpflücken wir nicht, die in Dunkelheit und Schweigen gelassen werden.

Qua ex causa saepe ipse mecum, nobisne tantum, quidquid est istud, composuisse an et aliis debeamus. Vt nobis, admonet illud, quod pleraque quae sunt agendae rei necessaria, eadem peracta nec utilitatem parem nec gratiam retinent.

Ac, ne longius exempla repetamus, quid utilius fuit quam munificentiae rationem etiam stilo prosequi? Per hoc enim adsequebamur, primum ut honestis cogitationibus immoraremur, deinde ut pulchritudinem illarum longiore tractatu perviderermus, postremo ut subitae largitionis comitem aenitentiam caveremus. Nascebatur ex his exercitatio quaedam contemnendae pecuniae. Nam cum omnes homines ad custodiam eius natura restrinxerit, nos contra multum ac diu pensitatus amor liberalitatis communibus avaritiae vinculis eximebat, tantoque laudabilior munificentia nostra fore videbatur, quod ad illam non impetu quodam, sed consilio trahebamur.

Accedebat his causis, quod non ludos aut gladiatores sed annuos sumptus in alimenta ingenuorum pollicebamur. Oculorum porro et aurium voluptates adeo non egent commendatione, ut non tam incitari debeant oratione quam reprimi; ut vero aliquis libenter educationis taedium laboremque suscipiat, non praemiis modo verum etiam exquisitis adhortationibus impetrandum est. Nam si medici salubres sed voluptate carentes cibos blandioribus adloquiis prosequuntur, quanto magis decuit publice consulentem utilissimum munus, sed non perinde populare, comitate orationis in-
20 ducere? praesertim cum enitendum habe-
21 remus, ut quod parentibus dabatur et orbis

Darum frage ich mich oft selber, ob ich es so, wie es ist, nur für mich – oder ob ich es auch für andere verfaßt haben soll. Nur für mich,

dafür spricht, daß vieles, was für ein Vorhaben nötig ist, nach dessen Ausführung weder gleichen Nutzen noch gleichen Wert behält.

Aber um nicht länger allgemeine Weisheiten wiederzukäuen: was wäre nutzbringender gewesen, als den Grund meiner Gebefreudigkeit auch mit dem Schreibstift darzulegen! Dadurch kam ich zunächst einmal dahin, daß ich Überlegungen über Ehre und Tugend anstellte, dann dazu, daß ich bei längerer Betrachtung deren Schönheit erkannte, und endlich so weit, daß ich mich vor der Reue schützte, die einem rasch gegebenen Geschenk oft nachfolgt. Aus alledem entstand eine Einübung darin, Geld nicht so wichtig zu nehmen. Während alle Menschen von ihrer Natur angehalten werden, das ihre zu hüten, entband mich die reiflich geprüfte Neigung zur Großzügigkeit von den allgemeinen Fesseln des Geizes. Um so lobenswerter wird meine Freigebigkeit erscheinen, weil ich zu ihr nicht durch eine Aufwallung, sondern durch Überlegung bewogen worden bin.

Dazu kam, daß ich nicht Spiele oder Gladiatorenkämpfe versprach, sondern jährliche Beiträge zum Unterhalt einheimischer Kinder. Augen- und Ohrengenüsse brauchen so wenig Anreiz, daß sie durch eine Rede weniger gefördert als hintangehalten werden sollten. Daß aber jemand willig die Last und Mühe der Erziehung auf sich nimmt, kann man nicht allein mit Geld, sondern muß man auch mit nachdrücklichen Ermahnungen durchsetzen.

Denn wenn die Ärzte heilkräftige, aber dem Geschmack wenig zusagende Mittel mit lockenden Zusprüchen begleiten – um wieviel mehr gehört dann eine zwar für die Allgemeinheit sehr nützliche, aber nicht besonders beliebte Leistung durch das Geleit einer Rede begrüßt. Vor allem mußte ich mich bemühen, daß das nur an Eltern Gegebene auch bei Kinderlosen Beifall fand, daß also die Begünstigung einiger weniger von den

probaretur, honoremque paucorum ceteri patienter et exspectarent et mererentur.

Sed ut tunc communibus magis commodis quam privatae iactantiae studebamus, cum intentionem effectumque muneris nostri vellemus intellegi, ita nunc in ratione edendi veremur, ne forte non aliorum utilitatibus sed propriae laudi servisse videamur.

Praeterea meminimus quanto maiore animo honestatis fructus in conscientia quam in fama reponatur. Sequi enim gloria, non adpeti debet, nec, si casu aliquo non sequatur, idcirco quod gloriam meruit minus pulchrum est. Ii vero, qui benefacta sua verbis adornant, non ideo praedicare quia fecerint, sed ut praedicarent fecisse creduntur. Sic quod magnificum referente alio fuisset, ipso qui gesserat recensente vanescit; homines enim cum rem destruere non possunt, iactationem eius incessunt. Ita si silenda feceris, factum ipsum, si laudanda non sileas, ipse culparis.

Me vero peculiaris quaedam impedit ratio. Etenim hunc ipsum sermonem non apud populum, sed apud decuriones habui, nec in propatulo sed in curia. Vereor ergo ut sit satis congruens, cum in dicendo adsentationem vulgi adclamationemque defugerim, nunc eadem illa editione sectari, cumque plebem ipsam, cui consulebatur, limine curiae parietibusque discreverim, ne quam in speciem ambitionis inciderem, nunc eos etiam, ad quos ex munere nostro nihil pertinet praeter exemplum, velut obvia ostentatione conquirere.

Habes cunctationis meae causas; obse-
22 quar tamen consilio tuo, cuius mihi auctori-
23 tas pro ratione sufficiet. Vale.

übrigen freundlich aufgenommen und gewürdigt werden möchte.

Aber so wie ich damals mehr an das Allgemeinwohl als an meine eigene Ehre dachte, als ich Plan und Zweck meiner Stiftung verständlich machen wollte, so fürchte ich nunmehr bei Erwägung der Herausgabe, es könne so scheinen, als habe ich nicht dem Nutz und Frommen anderer, sondern dem eigenen Ansehen dienen wollen.

Übrigens bin ich dessen eingedenk, daß für einen kraftvollen Charakter der Lohn der Ehrenhaftigkeit mehr im eigenen Bewußtsein als im Leumund liegt. Der Ruhm soll die Folge sein, nicht das Ziel, und wenn er durch irgendeinen Zufall ausbleibt, ist das, was Ruhm verdiente, nicht weniger schön. Wer seine guten Taten mit Worten ausschmückt, gerät in den Verdacht, er hätte nicht sich gerühmt, weil er etwas getan, sondern etwas getan, um sich rühmen zu können. So verblaßt auch, was sich großartig im Bericht eines anderen ausnimmt, wenn der Handelnde selbst sich darüber ausläßt. Wenn die Leute an der Sache selbst nichts auszusetzen haben, machen sie sich über die Prahlerei her. So wird, wenn du in der Stille etwas getan hast, die Tat selbst beurteilt; aber wenn du etwas Lobenswertes tust und darüber sprichst, urteilt man über dich.

Mich hemmt noch ein eigentümlicher Gedanke. Ich habe diese Ansprache nämlich nicht vor versammeltem Volk, sondern vor den Ratsherren gehalten, nicht im Vorhof, sondern im Rathaus. Ich fürchte also, es ist nicht ganz richtig, daß ich, während ich bei meiner Rede der Zustimmung und dem Beifall der Menge auswich, jetzt durch eine Veröffentlichung danach trachte. Ich hielt das Volk, auf dessen Billigung ich bedacht war, durch die Schwelle und die Wände des Rathauses von mir fern, um nicht den Anschein zu erwecken, ich sei ehrsüchtig – und jetzt will ich gerade Leute, die von meinem Geschenk nichts haben als das gute Beispiel, mit geradezu platter Schönrednerei gewinnen.

Hier hast Du die Ursachen für mein Zögern; ich werde jedenfalls Deinem Rat folgen, dessen Gewicht mir als Begründung genügen wird.

I,9 C. PLINIVS MINICIO FVNDANO SVO S.

Mirum est quam signulis diebus in urbe ratio aut constet aut constare videatur, pluribus iunctisque non constet. Nam si quem interroges «Hodie quid egisti?», respondeat: «Officio togae virilis interfui, sponsalia aut nuptias frequentavi, ille me ad signandum testamentum, ille in advocationem, ille in consilium rogavit.» Haec quo die feceris, necessaria, eadem, si cotidie fecisse te reputes, inania videntur, multo magis cum secesseris. Tunc enim subit recordatio: «Quot dies quam frigidis rebus absumpsi!»

Quod evenit mihi, postquam in Laurentino meo aut lego aliquid aut scribo aut etiam corpori vaco, cuius fulturis animus sustinetur. Nihil audio quod audisse, nihil dico quod dixisse paeniteat; nemo apud me quemquam sinistris sermonibus carpit, neminem ipse reprehendo, nisi tamen me cum parum commode scribo; nulla spe nullo timore sollicitor, nullis rumoribus inquietor: mecum tantum et cum libellis loquor. O rectam sinceramque vitam! O dulce otium honestumque ac paene omni negotio pulchrius! O mare, o litus, verum secretumque μουσεῖον, quam multa invenitis, quam multa dictatis!

Proinde tu quoque strepitum istum inanemque discursum et multum ineptos labores, ut primum fuerit occasio, relinque teque studiis vel otio trade. Satius est enim, ut Atilius noster eruditissime simul et facetissime dixit, otiosum esse quam nihil agere. Vale.

An Fundanus

Es ist seltsam: Während für einen einzelnen Tag in der Stadt die Rechnung stimmt oder zu stimmen scheint, stimmt sie für mehrere Tage zusammengenommen nicht. Denn wenn man jemanden fragt: «Was hast du heute gemacht?» antwortet er: «Ich war dabei, als die Toga der Volljährigkeit verliehen wurde, habe eine Verlobungs- oder Hochzeitsfeier beehrt; einer hat mich zur Bezeugung eines Testaments, ein anderer um Beistand vor Gericht, ein dritter um einen Rat gebeten.» Was man an so einem Tage getan hat, erscheint einem notwendig; aber wenn man sich vorstellt, dasselbe Tag für Tag getan zu haben, erscheint es einem wertlos, und zwar besonders dann, wenn man sich wegbegeben hat. Dann nämlich kommt die Rückbesinnung: Wie viele Tage habe ich mit so fadem Zeug vergeudet!

So geht es mir, seitdem ich auf meinem Laurentinum etwas lese oder schreibe oder auch meinen Körper pflege, durch dessen Stärkungen der Geist befördert wird. Nichts höre ich, was gehört zu haben, nichts sage ich, was gesagt zu haben mich später reuen könnte. Niemand macht in meiner Gegenwart einen anderen mit üblen Redereien herunter, und ich rede niemanden unfreundlich an außer mich selber, wenn ich nicht recht flüssig schreibe. Von keiner Hoffnung, keiner Furcht lasse ich mich aufregen, von keinem Gerücht beunruhigen – nur mit mir und mit den Büchern spreche ich. Welch echtes, unverdorbenes Leben, welche süße, rechtschaffene Muße, besser als fast jede Berufsarbeit! Mein Meer und mein Strand, mein wahres geheimes Musen-Heiligtum! Was ersinnt ihr alles, was sagt ihr mir alles ins Ohr!

Deshalb laß auch Du das Getöse und den sinnlosen Umtrieb, die vielfach unnütze Arbeiterei hinter Dir, sobald die erste Gelegenheit sich ergibt, und überlaß Dich der geistigen Arbeit oder der Muße. Denn wie unser Atilius so gescheit wie feinsinnig gesagt hat: Müßigsein ist besser als Nichtstun.

I,12 C. PLINIVS CALESTRIO TIRONI SVO S.

Iacturam gravissimam feci, si iactura dicenda est tanti viri amissio. Decessit Corellius Rufus et quidem sponte, quod dolorem meum exulcerat. Est enim luctuosissimum genus mortis, quae non ex natura nec fatalis videtur. Nam utcumque in illis qui morbo finiuntur, magnum ex ipsa necessitate solacium est; in iis vero quos accersita mors aufert, hic insanabilis dolor est, quod creduntur potuisse diu vivere.

Corellium quidem summa ratio, quae sapientibus pro necessitate est, ad hoc consilium compulit, quamquam plurimas vivendi causas habentem, optimam conscientiam optimam famam, maximam auctoritatem, praeterea filiam uxorem nepotem sorores, interque tot pignora veros amicos. Sed tam longa, tam iniqua valetudine conflictabatur, ut haec tanta pretia vivendi mortis rationibus vincerentur.

Tertio et tricensimo anno, ut ipsum audiebam, pedum dolore correptus est. Patrius hic illi; nam plerumque morbi quoque per successiones quasdam ut alia traduntur. Hunc abstinentia sanctitate, quoad viridis aetas, vicit et fregit; novissime cum senectute ingravescentem viribus animi sustinebat, cum quidem incredibiles cruciatus et indignissima tormenta pateretur. Iam enim dolor non pedibus solis ut prius insidebat, sed omnia membra pervagabatur.

Veni ad eum Domitiani temporibus in suburbano iacentem. Servi e cubiculo recesserunt (habebat hoc moris, quotiens intras-
26 set fidelior amicus); quin etiam uxor quam-
27 quam omnis secreti capacissima digredieba-

An Tiro

Einen überaus schweren Verlust habe ich erlitten, wenn man von «verlieren» sprechen kann beim Tode eines so bedeutenden Mannes. Gestorben ist Corellius Rufus, und zwar aus freiem Willen, was meinen Schmerz noch vergrößert. Die traurigste Art des Todes ist doch die, welche nicht natürlich und nicht schicksalhaft zu sein scheint. Denn wenn bei denen, die an einer Krankheit sterben, immerhin ein großer Trost aus der Unausweichlichkeit folgt, so macht bei denen, die ein selbst herbeigeführter Tod entrafft, gerade das den Schmerz unheilbar, daß man meint, sie hätten noch lange leben können.

Den Corellius freilich brachte die reinste Vernunft, die für einen Weisen der Notwendigkeit gleich steht, zu diesem Entschluß – ihn, der viele Gründe hatte zu leben: ein unbeschwertes Gewissen, einen makellosen Ruf, höchstes Ansehen, außerdem eine Tochter, eine Gattin, einen Enkel, Schwestern – und zu so vielen Liebespfändern auch wahre Freunde. Aber er wurde von einer so langen, so ungewöhnlich schweren Krankheit heimgesucht, daß alle Lebenswerte von den Todesgedanken überwältigt wurden.

Mit dreiunddreißig Jahren wurde er, wie ich von ihm selbst hörte, von Fußschmerzen befallen. Das hatte er vom Vater; häufig werden ja Krankheiten, wie anderes auch, durch eine Generation vererbt. Mit diesem Leiden wurde er durch zuchtvolle, gesunde Lebensweise fertig, solange er jung und kräftig war. In letzter Zeit, als es sich mit dem Alter verschlimmerte, hielt er sich mit den Kräften des Geistes aufrecht, obwohl er unglaublich gepeinigt war und schreckliche Qualen leiden mußte. Denn jetzt saß der Schmerz nicht allein in den Füßen wie zuvor, sondern er durchzog alle Glieder.

Ich habe ihn zur Zeit Domitians besucht, als er in seinem Landgut krank zu Bette lag. Die Sklaven verließen das Gemach. Diese Regel galt bei ihm, wenn ein vertrauterer Freund eintrat; auch seine Frau, obwohl in alle Geheimnisse völlig eingeweiht, ging dann hinaus. Er blickte um sich und

tur. Circumtulit oculos et «Cur» inquit «me putas hos tantos dolores tam diu sustinere? ut scilicet isti latroni vel uno die supersim.» Dedisses huic animo par corpus, fecisset quod optabat.

Adfuit tamen deus voto, cuius ille compos ut iam securus liberque moriturus, multa illa vitae sed minora retinacula abrupit. Increverat valetudo, quam temperantia mitigare temptavit; perseverantem constantia fugit. Iam dies alter tertius quartus: abstinebat cibo. Misit ad me uxor eius Hispulla communem amicum C. Geminium cum tristissimo nuntio, destinasse Corellium mori nec aut suis aut filiae precibus inflecti; solum superesse me, a quo revocari posset ad vitam. Cucurri. Perveneram in proximum, cum mihi ab eadem Hispulla Iulius Atticus nuntiat nihil iam ne me quidem impetraturum: tam obstinate magis ac magis induruisse. Dixerat sane medico admoventi cibum: Κέκρικα, quae vox quantum admirationis in animo meo tantum desiderii reliquit.

Cogito quo amico, quo viro caream. Implevit quidem annum septimum et sexagensimum, quae actas etiam robustissimis satis longa est; scio. Evasit perpetuam valetudinem; scio. Decessit superstitibus suis, florente re publica, quae illi omnibus carior erat; et hoc scio. Ego tamen tamquam et iuvenis et firmissimi mortem doleo, doleo autem (licet me imbecillum putes) meo nomine. Amisi enim, amisi vitae meae testem rectorem magistrum. In summa dicam, quod recenti dolore contubernali meo Calvisio dixi: «Vereor ne neglegentius
28 vivam.»

29 Proinde adhibe solacia mihi, non haec:

sagte: «Warum, meinst du, halte ich diese großen Schmerzen so lange aus? Doch nur, um diesen Verbrecher zu überleben – wenigstens um einen einzigen Tag!» Wäre diesem Geist ein gleich starker Körper gegeben gewesen, er hätte alles erreicht, was er wünschte.

Ein Gott hat seinen Wunsch erfüllt; befriedigt, daß er nun frank und frei dem Tode entgegensehen konnte, zerriß er die zahlreichen aber zu schwachen Bande des Lebens. Die Krankheit war schlimmer geworden, er versuchte sie durch Mäßigkeit zu lindern; als sie anhielt, floh er entschlossen. Schon der zweite, der dritte, der vierte Tag: Er enthielt sich der Nahrung. Da schickte seine Frau Hispulla unseren gemeinsamen Freund C. Geminius zu mir mit der traurigen Nachricht, Corellius habe den Entschluß gefaßt zu sterben und sei weder durch ihre noch durch der Tochter Bitten umzustimmen; ich sei der einzige, von dem er zum Leben zurückgerufen werden könne. Ich eilte hin. Ich war schon nahe, als mir, von derselben Hispulla, Julius Atticus ausrichtete, auch ich würde nichts erreichen, er habe sich mehr und mehr in seinem Starrsinn verhärtet. Zu dem Arzt, der ihm aus Vernunft etwas zu essen aufnötigen wollte, hatte er gesagt: «Ich habe mich entschieden» – ein Wort, das in mir ebenso Bewunderung wie Kummer hinterließ.

Ich weiß, welchen Freund, welchen Mann ich nun entbehren muß; er hat immerhin das siebenundsechzigste Jahr vollendet, ein Alter, das auch für sehr kräftige Menschen recht hoch ist, ich weiß. Er hat sich einem endlosen Leiden entzogen, ich weiß. Er hat seine Angehörigen verlassen, als der Staat wieder gedieh, der ihm noch mehr am Herzen lag als sie alle; ich weiß schon. Dennoch empfinde ich Schmerz wie über den Tod eines jungen, kerngesunden Mannes; ich empfinde Schmerz (Du magst mich für schwach halten) auch für meine eigene Person. Verloren nämlich, verloren habe ich einen Begleiter meines Lebens, einen Lenker, einen Lehrer. Alles in allem möchte ich sagen, was ich im frischen Schmerz meinen Freund Calvisius gesagt habe: «Ich fürchte, ich werde jetzt gleichgültiger dahinleben.»

Darum schaffe mir Trost, aber nicht so: «Er war ein Greis,

«Senex erat, infirmus erat» (haec enim novi), sed nova aliqua, sed magna, quae audierim numquam, legerim numquam. Nam quae audivi quae legi sponte succurrunt, sed tanto dolore superantur. Vale.

I,18 C. PLINIVS SVETONIO TRANQVILLO SVO S.

Scribis te perterritum somnio vereri ne quid adversi in actione patiaris; rogas ut dilationem petam, et pauculos dies, certe proximum, excusem. Difficile est, sed experiar, καὶ γάρ τ᾽ ὄναρ ἐκ Διός ἐστιν. Refert tamen, eventura soleas an contraria somniare. Mihi reputanti somnium meum istud, quod times tu, egregiam actionem portendere videtur.

Susceperam causam Iuni Pastoris, cum mihi quiescenti visa est socrus mea advoluta genibus ne agerem obsecrare; et eram acturus adulescentulus adhuc, eram in quadruplici iudicio, eram contra potentissimos civitatis atque etiam Caesaris amicos, quae singula excutere mentem mihi post tam triste somnium poterant. Egi tamen λογισάμενος illud εἷς οἰωνὸς ἄριστος ἀμύνεσθαι περὶ πάτρης. Nam mihi patria, et si quid carius patria, fides videbatur. Prospere cessit, atque adeo illa actio mihi aures hominum, illa ianuam famae patefecit.

Proinde dispice an tu quoque sub hoc exemplo somnium istud in bonum vertas; aut si tutius putas illud cautissimi cuiusque praeceptum «Quod dubites, ne feceris», id
30 ipsum rescribe. Ego aliquam stropham in-
31 veniam agamque causam tuam, ut istam

er war krank» (das weiß ich ja), sondern sage etwas Neues, etwas Bedeutendes, was ich nie gehört, nie gelesen habe. Denn was ich gehört und gelesen, fällt mir von selbst ein, aber von einem so großen Schmerz wird es überwältigt.

An Tranquillus

Du schreibst, Du seiest von einem Traum erschreckt und habest Angst, in Deinem Prozeß möchte Dir etwas Schlimmes widerfahren; Du bittest mich, ich solle um eine Vertagung nachsuchen, Dich für wenige Tage, jedenfalls für den nächsten, entschuldigen. Es ist schwierig, aber ich werde es versuchen. «Denn auch die Träume sind von Zeus.» Es kommt freilich darauf an, ob Du meistens träumst, was eintrifft, oder gerade das Gegenteil. Wenn ich an einen eigenen Traum zurückdenke, scheint mir der, der dich ängstigt, einen ausgezeichneten Prozeßverlauf anzukündigen.

Ich hatte die Vertretung des Junius Pastor übernommen, als mir im Schlaf meine Schwiegermutter erschien und mich kniefällig bat, um Himmels willen nicht aufzutreten. Und ich, ein junger Mann damals, wollte doch auftreten, und zwar vor dem Vierkammergericht, und zwar gegen die mächtigsten Männer der Bürgerschaft und noch dazu Freunde des Kaisers. Jeder dieser Umstände konnte mir meinen Verstand nach dem schlimmen Traum verwirren. Ich trat dennoch auf, eingedenk des Wortes: «Eins ist das beste Wahrzeichen stets: dem Vaterland helfen!» Für mich war das «Vaterland» – und was ist einem teurer als das Vaterland! – mein Versprechen. Gut ist es ausgegangen, so gut, daß mir dieser Prozeß das Ohr der Menschen, ja das Tor zum Ruhm geöffnet hat.

Deshalb prüfe, ob Du nicht auch nach diesem Beispiel Deinem Traum eine gute Wendung geben kannst; aber wenn Du die Regel aller Übervorsichtigen «Hast du Zweifel, tu es nicht» für sicherer hältst, dann schreib mir noch einmal! Ich werde schon irgend einen Kunstgriff finden und werde Deine Sache so führen, daß Du sie betreiben kannst, wann Du

agere tu cum voles possis. Est enim sane alia ratio tua, alia mea fuit. Nam iudicium centumvirale differri nullo modo, istuc aegre quidem sed tamen potest. Vale.

I,20 C. PLINIVS CORNELIO TACITO SVO S.

Frequens mihi disputatio est cum quodam docto homine et perito, cui nihil aeque in causis agendis ut brevitas placet. Quam ego custodiendam esse confiteor, si causa permittat: alioqui praevaricatio est transire dicenda, praevaricatio etiam cursim et breviter attingere quae sint inculcanda infigenda repetenda. Nam plerisque longiore tractatu vis quaedam et pondus accedit, utque corpori ferrum, sic oratio animo non ictu magis quam mora imprimitur.

Hic ille me cum auctoritatibus agit ac mihi ex Graecis orationes Lysiae ostentat, ex nostris Gracchorum Catonisque, quorum sane plurimae sunt circumcisae et breves: ego Lysiae Demosthenen Aeschinen Hyperiden multosque praeterea, Gracchis et Catoni Pollionem Caesarem Caelium, in primis M. Tullium oppono, cuius oratio optima fertur esse quae maxima. Et hercule ut aliae bonae res ita bonus liber melior est quisque quo maior. Vides ut statuas signa picturas, hominum denique multorumque animalium formas, arborum etiam, si modo sint decorae, nihil magis quam amplitudo commendet. Idem orationibus evenit; quin etiam voluminibus ipsis auctoritatem quandam et pulchritudinem adicit magnitudo.

32 Haec ille multaque alia, quae a me in
33 eandem sententiam solent dici, ut est in

willst. Deine Lage ist nämlich wirklich anders als damals die meine; ein Verfahren vor dem Gericht der Centumvirn läßt sich auf keine Weise verschieben. Bei Deinem ist es zwar schwierig, könnte aber gehen.

An Tacitus

Häufig habe ich ein Streitgespräch mit einem gebildeten und erfahrenen Manne, dem in Prozeßverhandlungen nichts so gut gefällt wie Kürze. Daß man auf Kürze achten muß, gebe ich zu – wenn die Sache es erlaubt. Aber es gibt andere Fälle, da wäre es Pflichtverletzung, auszulassen, was gesagt werden muß – Pflichtverletzung auch, sich nur beiläufig und kurz mit dem zu befassen, was eingeschärft, festgehalten und wiederholt gehört. Viele Dinge erlangen ja erst durch eine ausführliche Behandlung Kraft und Gewicht, und wie in den Körper ein Schwert, so dringt in die Seele eine Rede nicht so sehr durch den Stoß wie durch Nach-Druck ein.

Dieser Mann kommt mir mit Berühmtheiten; von den Griechen hält er mir die Reden des Lysias vor, von den unsrigen die der Gracchen und des Cato, deren meiste wirklich kurz und bündig sind; gegen Lysias stelle ich aber Demosthenes, Aeschines, Hyperides und viele andere, gegen die Gracchen und Cato stelle ich Pollio, Caesar, Caelius und vor allem M. Tullius (Cicero), dessen längste Rede als seine beste gilt.

Und beim Hercules: Wie andere gute Dinge ist auch ein guter Text um so besser, je länger er ist. Du siehst, daß Bildsäulen, Götterbildern, Gemälden, den Gestalten von Menschen und vielen Tieren, sogar Bäumen, wenn sie überhaupt schön sind, nichts mehr zustatten kommt als Größe. Dasselbe gilt für Reden; sogar Büchern gibt ein größerer Umfang eine gewisse Bedeutsamkeit und Schönheit.

Über dies und vieles andere, was ich in diesem Sinne zu sagen pflege, macht jener Mann sich lustig, schwer zu fas-

disputando incomprehensibilis et lubricus, ita eludit ut contendat hos ipsos, quorum orationibus nitar, pauciora dixisse quam ediderint. Ego contra puto. Testes sunt multae multorum orationes et Ciceronis pro Murena pro Vareno, in quibus brevis et nuda quasi subscriptio quorundam criminum solis titulis indicatur. Ex his adparet illum permulta dixisse, cum ederet omisisse. Idem pro Cluentio ait se totam causam vetere instituto solum perorasse, et pro C. Cornelio quadriduo egisse, ne dubitare possimus, quae per plures dies (ut necesse erat) latius dixerit, postea recisa ac repurgata in unum librum grandem quidem unum tamen coartasse.

At aliud est actio bona, aliud oratio. Scio nonnullis ita videri, sed ego (forsitan fallar) persuasum habeo posse fieri ut sit actio bona quae non sit bona oratio, non posse non bonam actionem esse quae sit bona oratio. Est enim oratio actionis exemplar et quasi ἀρχέτυπον. Ideo in optima quaque mille figuras extemporales invenimus, in iis etiam quas tantum editas scimus, ut in Verrem: «artificem quem? quemnam? recte admones; Polyclitum esse dicebant.» Sequitur ergo ut actio sit absolutissima, quae maxime orationis similitudinem expresserit, si modo iustum et debitum tempus accipiat; quod si negetur, nulla oratoris maxima iudicis culpa est.

Adsunt huic opinioni meae leges, quae longissima tempora largiuntur nec brevitatem dicentibus sed copiam (hoc est diligentiam) suadent; quam praestare nisi in
34 angustissimis causis non potest brevitas.
35 Adiciam quod me docuit usus, magister

sen und glatt, wie er im Streitgespräch ist; er behauptet, gerade die, auf deren Reden ich mich stütze, hätten weniger gesagt als später veröffentlicht. Ich glaube das Gegenteil. Dafür geben Zeugnis viele Reden vieler Verfasser, so auch die des Cicero für Murena und für Varenus, in denen eine kurze, sozusagen nackte Liste bestimmter Vergehen in bloßen Stichworten aufgestellt wird. Daraus muß man schließen, daß er sehr vieles vorgetragen, aber bei der Veröffentlichung weggelassen hat. Derselbe Cicero sagt, den ganzen Prozeß für Cluentius habe er nach alter Regel allein geführt, und für C. Cornelius habe er vier Tage lang gesprochen. Wir sollten nicht zweifeln können, daß er das, was er notgedrungen mehrere Tage hindurch breiter gesagt hat, später zusammendrängte – gekürzt und gesäubert auf den Umfang einer einzigen, wenn auch umfangreichen Schrift.

«Aber eine gute gesprochene Rede ist etwas anderes als eine geschriebene.» Ich weiß, vielen erscheint es so; aber ich (vielleicht täusche ich mich) bin überzeugt: es kann vorkommen, daß eine gute gesprochene Rede geschrieben nicht gut ist, aber niemals, daß es eine nicht gute gesprochene Rede gibt, die geschrieben gut wäre. Denn die veröffentlichte Rede ist das Musterbeispiel der gesprochenen, sozusagen ihr Archetyp. So finden wir gerade in der besten Rede tausend aus dem Augenblick gewonnene Wendungen, auch in denen, die wir nur in geschriebener Form kennen wie die gegen Verres: «Welcher Künstler? Welcher denn? Du hast recht: Es muß Polyklet gewesen sein.» Darauf folgt also, daß diejenige Gerichtsrede die allerbeste ist, die am meisten Ähnlichkeit mit der Kunstrede zeigt, wenn man sich nur die gehörige, die nötige Zeit nimmt. Wird sie nicht gewährt, liegt die Hauptschuld nicht beim Redner, sondern beim Richter.

Es bekräftigen diese meine Meinung auch die Bestimmungen, die sehr lange Redezeiten einräumen und den Rednern nicht Kürze, sondern Ausführlichkeit, das heißt Sorgfalt empfehlen; die kann aber außer in ganz einfachen Fällen die Kürze nicht leisten. Ich möchte hinzufügen, was mich die praktische Tätigkeit gelehrt hat, diese vortreffliche Lehrmei-

egregius. Frequenter egi, frequenter iudicavi, frequenter in consilio fui: aliud alios movet, ac plerumque parvae res maximas trahunt. Varia sunt hominum iudicia, variae voluntates. Inde qui eandem causam simul audierunt, saepe diversum, interdum idem sed ex diversis animi motibus sentiunt. Praeterea suae quisque inventioni favet, et quasi fortissimum amplectitur, cum ab alio dictum est quod ipse praevidit. Omnibus ergo dandum est aliquid quod teneant, quod agnoscant.

Dixit aliquando mihi Regulus, cum simul adessemus: «Tu omnia quae sunt in causa putas exsequenda; ego iugulum statim video, hunc premo.» Premit sane quod elegit, sed in eligendo frequenter errat. Respondi posse fieri, ut genu esset aut talus, ubi ille iugulum putaret. At ego, inquam, qui iugulum perspicere non possum, omnia pertempto, omnia experior, πάντα denique λίθον κινῶ; utque in cultura agri non vineas tantum, verum etiam arbusta, nec arbusta tantum verum etiam campos curo et exerceo, utque in ipsis campis non far aut siliginem solam, sed hordeum fabam ceteraque legumina sero, sic in actione plura quasi semina latius spargo, ut quae provenerint colligam. Neque enim minus imperspicua incerta fallacia sunt iudicum ingenia quam tempestatum terrarumque. Nec me praeterit summum oratorem Periclen sic a comico Eupolide laudari:

πρὸς δέ γ' αὐτοῦ τῷ τάχει
πειθώ τις ἐπεκάθητο τοῖσι χείλεσιν.
36 οὕτως ἐκήλει, καὶ μόνος τῶν ῥητόρων
37 τὸ κέντρον ἐγκατέλειπε τοῖς ἀκροωμένοις.

sterin: Oft bin ich vor Gericht aufgetreten, oft war ich Richter, oft habe ich an einer Beratung teilgenommen; jeden bewegt etwas anderes, und meistens haben Kleinigkeiten die größten Wirkungen. Verschieden sind die Urteile der Menschen, verschieden ihre Wünsche. Daher kommt es, daß diejenigen, die ein- und denselben Fall angehört haben, oft verschiedener Meinung sind; manchmal sind sie der gleichen, aber aus verschiedenen inneren Motiven. Außerdem hängt jeder seinen eigenen Gedankengängen nach und ist vollends darin befangen, wenn ein anderer vorbringt, was er selber im Sinn hat. Man muß also allen etwas geben, was sie begreifen, was sie billigen.

Gelegentlich sagte Regulus zu mir, als wir zusammen auftraten: «Du glaubst, alles, was in einer Sache steckt, restlos vorbringen zu müssen; ich sehe gleich die Kehle, und auf die drücke ich.» Gewiß drückt er auf das, was er sich ausgesucht hat, aber bei seiner Wahl irrt er sich öfters. Ich habe ihm erwidert, es könne geschehen, daß es das Knie oder die Ferse sei, wo er die Kehle vermute. «Ich hingegen», sagte ich, «da ich die Kehle nicht deutlich ausmachen kann, taste alles ab, prüfe alles, drehe endlich jeden Stein um.» Wie ich in der Landwirtschaft nicht allein die Weinberge, sondern auch die Äcker besorge und bebaue und auf diesen Äckern nicht nur Dinkel und Winterweizen, sondern auch Gerste, Bohnen und andere Hülsenfrüchte aussäe, – so streue ich bei Prozeßverfahren sozusagen eine Vielfalt von Samenkörnern breiter aus, um das, was aufgeht, einzusammeln.

Denn die Stimmungen der Richter sind nicht weniger unerforschlich, unsicher und wandelbar als die des Wetters und der Erde. Es ist mir nicht entgangen, wie der große Redner Perikles von dem Komödiendichter Eupolis gelobt wird:

«... auf des schnellen Redners Lippen
nahm die Göttin Überredung Platz.
So drang er ein und ließ als einziger Redner
den Stachel in der Hörer Brust zurück.»

Verum huic ipsi Pericli nec illa πειθὼ nec illud ἐκήλει brevitate vel velocitate vel utraque (differunt enim) sine facultate summa contigisset. Nam delectare persuadere copiam dicendi spatiumque desiderat, relinquere vero aculeum in audientium animis is demum potest qui non pungit sed infigit. Adde quae de eodem Pericle comicus alter:

ἤστραπτ', ἐβρόντα, συνεκύκα τὴν Ἑλλάδα.

Non enim amputata oratio et abscisa, sed lata et magnifica et excelsa tonat fulgurat, omnia denique perturbat ac miscet.

«Optimus tamen modus est»: quis negat? sed non minus non servat modum qui infra rem quam qui supra, qui adstrictius quam qui effusius dicit. Itaque audis frequenter ut illud: «immodice et redundanter», ita hoc: «ieiune et infirme». Alius excessisse materiam, alius dicitur non implesse. Aeque uterque, sed ille imbecillitate hic viribus peccat; quod certe etsi non limatioris, maioris tamen ingeni vitium est. Nec vero cum haec dico illum Homericum ἀμετροεπῆ probo, sed hunc:

καὶ ἔπεα νιφάδεσσιν ἐοικότα χειμερίῃσιν,

non quia non et ille mihi valdissime placeat:

παῦρα μέν, ἀλλὰ μάλα λιγέως·

si tamen detur electio, illam orationem similem nivibus hibernis, id est crebram et adsiduam sed et largam, postremo divinam et caelestem volo.

«At est gratior multis actio brevis.» Est,
38 sed inertibus quorum delicias desidiamque
39 quasi iudicium respicere ridiculum est. Nam

Gewiß wäre auch dem Perikles weder jene Göttin Überredung noch jenes Eindringen in des Hörers Brust zuteil geworden durch Kürze oder Raschheit oder beides – es ist ja zweierlei – ohne eine hohe Redekunst. Denn begeistern und überzeugen erfordert Wortfülle und Zeit; aber letztlich kann nur derjenige den Stachel in den Seelen der Zuhörer zurücklassen, der nicht nur sticht, sondern bohrt. Nimm hinzu, was ebenfalls über Perikles ein anderer Komödiendichter sagt:

«Er blitzte, donnerte und brachte ganz Griechenland durcheinander.»

Es bringt doch nicht eine gestutzte und beschnittene, sondern nur eine breit angelegte, großartige und erhabene Rede, die donnert, blitzt, alles gründlich durcheinander.

«Das Beste ist doch Maßhalten.» Wer bestreitet das? Aber ebenso wenig wahrt einer das Maß, der für die Sache zu karg spricht, wie einer, der vom hundertsten ins tausendste kommt, ebensowenig, wer zu gedrängt, wie wer zu weitschweifig redet. Daher hört man ebenso oft «übertrieben und allzu wortreich» wie auch «nüchtern und schwach». Der eine soll vom Thema abgeschweift, der andere ihm nicht gerecht geworden sein. Jeder sündigt, der eine durch Schwäche, der andere durch Kraft. Dies letzte ist ein Fehler nicht der feineren, aber der kräftigeren Begabung. Indem ich das sage, preise ich nicht etwa den «homerischen Schwätzer», sondern so einen:

«... und Worte gleich Schneeflocken im Winter.»

Mir gefällt auch so einer sehr gut:

«zwar wenig, aber gewaltig laut».

Wenn mir aber die Wahl gelassen wird, will ich lieber die Redeweise, die dem winterlichen Schneefall ähnlich ist, das heißt: die reiche, beständige, aber auch ausgedehnte – mithin: die göttliche, himmlische.

«Aber vielen ist eine kurze Gerichtsrede lieber.» Gewiß, aber nur den Trägen, auf deren Behagen und Bequemlichkeit wie auf einen Gerichtsbeschluß Rücksicht zu nehmen lächer-

si hos in consilio habeas, non solum satius breviter dicere, sed omnino non dicere.

Haec est adhuc sententia mea, quam mutabo si dissenseris tu; sed plane cur dissentias explices rogo. Quamvis enim cedere auctoritati tuae debeam, rectius tamen arbitror in tanta re ratione quam auctoritate superari. Proinde, si non errare videor, id ipsum quam voles brevi epistula, sed tamen scribe (confirmabis enim iudicium meum); si erraro, longissimam para. Num corrupi te, qui tibi si mihi accederes brevis epistulae necessitatem, si dissentires longissimae imposui? Vale.

II,3 C. PLINIVS NEPOTI SVO S.

Magna Isaeum fama praecesserat, maior inventus est. Summa est facultas copia ubertas; dicit semper ex tempore, sed tamquam diu scripserit. Sermo Graecus, immo Atticus; praefationes tersae graciles dulces, graves interdum et erectae. Poscit controversias plures; electionem auditoribus permittit, saepe etiam partes; surgit amicitur incipit; statim omnia ac paene pariter ad manum, sensus reconditi occursant, verba – sed qualia! – quaesita et exculta. Multa lectio in subitis, multa scriptio elucet. Prohoemiatur apte, narrat aperte, pugnat acriter, colligit fortiter, ornat excelse. Postremo docet delectat adficit; quid maxime, dubites. Crebra ἐνθυμήματα crebri syllogismi, circumscripti et effecti, quod stilo quoque
40 adsequi magnum est. Incredibilis memoria:
41 repetit altius quae dixit ex tempore, ne

lich ist. Wenn man solche im Richterkollegium hat, ist es ratsam, nicht nur kurz, sondern überhaupt nicht zu sprechen.

Dies ist bisher meine Meinung, die ich aber ändern werde, wenn Du sie nicht billigst; doch dann erkläre mir bitte, warum Du sie nicht billigst. Denn wenngleich ich mich vor Deinem hohen Sachverstand verbeugen muß, halte ich es doch für richtiger, sich in einer solchen Sache eher durch Beweisgründe als durch Autorität bestimmen zu lassen. Wenn ich nach Deiner Ansicht nicht im Irrtum bin, so schreib es mir so kurz Du magst, aber schreib mir (denn Du bekräftigst dann meine Auffassung). Wenn ich aber im Irrtum bin, gönne mir einen ausführlichen Brief. Habe ich Dich jetzt etwa bestochen, weil ich Dir, wenn Du mir zustimmst, einen kurzen, wenn Du anderer Meinung bist, einen sehr langen Brief abnötige?

An Nepos

Ein großer Ruf war dem Isaeus vorausgeeilt, aber er selber erwies sich als noch größer. Mächtig sind seine Begabung, sein Wortschatz, seine Einfälle; er spricht immer aus dem Stegreif, aber so, als ob er es seit langem aufgeschrieben hätte. Redeweise griechisch, eigentlich attisch. Einleitungen geschliffen, gefällig, fein, zuweilen kraftvoll und pathetisch. Er läßt sich mehrere Streitfragen nennen, erlaubt den Zuhörern die Auswahl, oft auch die Entscheidung, wer auf welcher Seite steht; er erhebt sich, hüllt sich in die Toga, beginnt. Sofort ist ihm alles fast gleichzeitig zur Hand, entlegene Begriffe fallen ihm ein, Worte – und was für welche! Ausgesuchte, gebildete. Lese- und Schreiberfahrung blitzt oft unvermutet auf. Er beginnt angemessen, legt die Sache klar, streitet mit Schärfe, faßt kunstvoll zusammen, setzt hübsche Glanzlichter – kurz: er belehrt, erfreut, ergreift, man fragt sich, was überwiegt. Viele Gedankenverbindungen, viele Schlußfolgerungen, klar benannt und überzeugend, was schon in schriftlicher Form ein hohes Ziel ist. Ein unglaubliches Gedächtnis: er wiederholt später, was er aus dem Stegreif

verbo quidem labitur. Ad tantam ἕξιν studio et exercitatione pervenit; nam diebus et noctibus nihil aliud agit nihil audit nihil loquitur.

Annum sexagensimum excessit et adhuc scholasticus tantum est: quo genere hominum nihil aut sincerius aut simplicius aut melius. Nos enim, qui in foro verisque litibus terimur, multum malitae quamvis nolimus addiscimus: schola et auditorium et ficta causa res inermis innoxia est, nec minus felix, senibus praesertim. Nam quid in senectute felicius, quam quod dulcissimum est in iuventa? Quare ego Isaeum non disertissimum tantum, verum etiam beatissimum iudico. Quem tu nisi cognoscere concupiscis, saxeus ferreusque es.

Proinde si non ob alia nosque ipsos, at certe ut hunc audias veni. Numquamne legisti, Gaditanum quendam Titi Livi nomine gloriaque commotum ad visendum eum ab ultimo terrarum orbe venisse, statimque ut viderat abisse? Ἀφιλόκαλον inliteratum iners ac paene etiam turpe est, non putare tanti cognitionem qua nulla est iucundior, nulla pulchrior, nulla denique humanior.

Dices: «Habeo hic quos legam non minus disertos.» Etiam; sed legendi semper occasio est, audiendi non semper. Praeterea multo magis, ut vulgo dicitur, viva vox adficit. Nam licet acriora sint quae legas, altius tamen in animo sedent, quae pronuntiatio vultus habitus gestus etiam dicentis adfigit; nisi vero falsum putamus illud Aeschinis, qui cum legisset Rhodiis orationem Demosthenis admirantibus cunctis, adiecisse fer-
42 tur. τί δέ, εἰ αὐτοῦ τοῦ θηρίου ἠκούσατε;
43 et erat Aeschines si Demostheni credimus

gesagt hat, ohne sich mit einem einzigen Wort zu irren. Zu solcher Fertigkeit ist er durch Fleiß und Übung gelangt; denn bei Tag und Nacht tut er, hört er, spricht er nichts anderes.

Er hat das sechzigste Jahr überschritten und ist bis jetzt nichts als ein Lehrer der Beredsamkeit; es gibt nichts ehrlicheres, schlichteres und trefflicheres als diese Art Menschen. Denn wir, die wir uns auf dem Forum mit wirklichen Streitfällen kaputt machen, müssen viel Boshaftigkeit dazulernen, wenn wir auch nicht mögen; dagegen sind die Schule, der Hörsaal und der erdachte Streitfall etwas Harmloses, Unschädliches; außerdem machen sie Freude, vor allem alten Leuten. Denn was bereitet im Alter mehr Behagen als das, was man in der Jugend am meisten begehrt hat! Darum erachte ich Isaeus nicht nur für einen sehr redemächtigen, sondern auch für einen sehr glücklichen Menschen. Wenn Du nicht den Wunsch verspürst, ihn kennenzulernen, bist Du von Stein und Eisen.

Darum komm, wenn nicht aus anderen Gründen oder meinetwegen, jedenfalls, um ihn zu hören! Hast Du nie gelesen, daß einmal ein Gaditaner, durch den Namen und den Ruhm des Titus Livius bewogen, vom Ende der Welt gekommen ist, um ihn zu sehen, und, nachdem er ihn gesehen hatte, sogleich wieder abgereist ist? Banausenhaft, ungebildet, einfältig, ja geradezu schandbar ist es, nicht die Bekanntschaft eines solchen Mannes zu suchen, denn keine ist erfreulicher, schöner, von größerem menschlichen Reiz.

Du wirst sagen: «Ich habe hier welche, die ich lesen kann, ebenso sprachmächtige.» Das schon, aber zum Lesen ist immer Gelegenheit, zum Hören nicht immer; außerdem ergreift uns viel mehr, wie es allgemein heißt, das gesprochene Wort. Denn mag das, was man liest, genauer formuliert sein – tiefer im Geist sitzt das, was Vortragskunst, Mienenspiel, Auftreten und Gebärdensprache des Sprechers uns beibringen; es sei denn, wir bezweifeln den Ausspruch des Aeschines, der, als er den Rhodiern zu deren einhelliger Bewunderung eine Demosthenes-Rede vorgelesen hatte, hinzugefügt haben soll: «Was erst, wenn ihr den alten Löwen selber gehört hättet!» Dabei hatte auch Aeschines, wenn wir

λαμπροφωνότατος. Fatebatur tamen longe melius eadem illa pronuntiasse ipsum qui pepererat. Quae omnia huc tendunt, ut audias Isaeum, vel ideo tantum ut audieris. Vale.

II,6 C. PLINIVS AVITO SVO S.

Longum est altius repetere nec refert, quemadmodum acciderit, ut homo minime familiaris cenarem apud quendam, ut sibi videbatur, lautum et diligentem, ut mihi, sordidum simul et sumptuosum. Nam sibi et paucis opima quaedam, ceteris vilia et minuta ponebat. Vinum etiam parvolis lagunculis in tria genera discripserat, non ut potestas eligendi, sed ne ius esset recusandi, aliud sibi et nobis, aliud minoribus amicis (nam gradatim amicos habet), aliud suis nostrisque libertis.

Animadvertit qui mihi proximus recumbebat, et an probarem interrogavit. Negavi. «Tu ergo» inquit «quam consuetudinem sequeris?» «Eadem omnibus pono; ad cenam enim, non ad notam invito cunctisque rebus exaequo, quos mensa et toro aequavi.» «Etiamne libertos?» «Etiam; convictores enim tunc, non libertos puto.» Et ille: «Magno tibi constat.» «Minime.» «Qui fieri potest?» «Quia scilicet liberti mei non idem quod ego bibunt, sed idem ego quod liberti.» Et hercule si gulae temperes, non est onerosum quo utaris ipse communicare cum pluribus. Illa ergo reprimenda, illa quasi in ordinem redigenda est, si sumptibus parcas, quibus aliquanto rectius tua continentia quam aliena contumelia consulas.

dem Demosthenes glauben, eine sehr volltönende Stimme. Und doch mußte er zugeben, daß der, der die Rede verfaßt hatte, sie viel besser vorgetragen haben würde. Dies alles soll darauf hinwirken, daß Du den Isaeus hörst, und zwar nur, damit Du ihn gehört hast.

An Avitius

Es wäre zu umständlich, des längeren nachzuzeichnen – und es ist auch unerheblich –, wie es zustandekam, daß ich ohne die geringste Bekanntschaft bei jemandem zu Gast war, der sich selbst für reinlich und gediegen hielt, während ich ihn schmuddelig und verschwenderisch fand. Sich und einigen wenigen Gästen setzte er Leckerbissen vor, den übrigen Billiges in kleinen Mengen. Den Wein hatte er in dreierlei kleinen Krügen aufgeteilt, nicht damit es die Möglichkeit der Wahl, sondern damit es keine Möglichkeit der Zurückweisung gebe; eine Sorte für sich und uns, eine für geringere Freunde (er hat nämlich Freunde in Abstufungen) und eine dritte für seine und meine Freigelassenen.

Das bemerkte der, der mir zunächst bei Tische lag, und fragte, ob ich das richtig fände; ich verneinte es. «Und du», fragte er, «wie ist es bei dir üblich?» – «Ein und dasselbe setze ich allen vor; denn zum Mahle, nicht zum Flaschenetikett lade ich ein; und in jeder Hinsicht behandle ich die gleich, mit denen ich auf gleich und gleich speise und lagere.» – «Auch die Freigelassenen?» – «Auch sie; denn als Gäste, nicht als Freigelassene sehe ich sie an.» – Und jener: «Das kostet dich eine Menge.» – «Durchaus nicht.» – «Wie kann das sein?» – «Weil selbstverständlich nicht meine Freigelassenen dasselbe trinken wie ich, sondern ich dasselbe wie die Freigelassenen.» Und beim Hercules, wenn man Gaumen und Kehle mäßigt, fällt es einem nicht schwer, bei dem, was man selber verzehrt, viele Gäste zu haben. Den Gaumen muß man bezähmen, die Kehle auf ein normales Maß bringen, wenn man seinen Aufwand bescheiden halten will; dafür sorgt man wirksamer durch eigene Mäßigkeit als durch Kränkung anderer.

Quorsus haec? ne tibi, optimae indolis iuveni, quorundam in mensa luxuria specie frugalitatis imponat. Convenit autem amori in te meo, quotiens tale aliquid inciderit, sub exemplo praemonere, quid debeas fugere. Igitur memento nihil magis esse vitandum quam istam luxuriae et sordium novam societatem; quae cum sint turpissima discreta ac separata, turpius iunguntur. Vale.

II,8 C. PLINIVS CANINIO SVO S.

Studes an piscaris an venaris an simul omnia? Possunt enim omnia simul fieri ad Larium nostrum. Nam lacus piscem, feras silvae quibus lacus cingitur, studia altissimus iste secessus adfatim suggerunt. Sed sive aliquid facis, non possum dicere «invideo»; angor tamen non et mihi licere, qui si concupisco ut aegri vinum balinea fontes. Numquamne hos artissimos laqueos, si solvere negatur, abrumpam? Numquam, puto. Nam veteribus negotiis nova accrescunt, nec tamen priora peraguntur: tot nexibus, tot quasi catenis maius in dies occupationum agmen extenditur. Vale.

II,11 C. PLINIVS ARRIANO SVO S.

Solet esse gaudio tibi, si quid acti est in senatu dignum ordine illo. Quamvis enim quietis amore secesseris, insidet tamen animo tuo maiestatis publicae cura. Accipe ergo quod per hos dies actum est, personae claritate famosum, severitate exempli salubre, rei magnitudine aeternum.

Wozu dies? Damit Dir, einem jungen Mann mit besten Anlagen, nicht die Schwelgerei gewisser Leute unter dem Deckmantel der Sparsamkeit Eindruck mache. Meiner Liebe zu Dir kommt es zu, Dich durch dieses Beispiel aufmerksam zu machen, daß Du die Flucht ergreifen solltest, sooft Dir derartiges begegnet. Also denk daran, dieser neumodischen Verbindung von Luxus und Geiz unbedingt aus dem Wege zu gehen. Ist schon jedes für sich häßlich – noch häßlicher sind sie im Verein.

An Caninius

Arbeitest Du am Schreibtisch, angelst Du oder jagst Du oder alles zugleich? Alles kann ja gleichermaßen getan werden an unserem Larius. Denn der See bietet Fische; Wild bieten die Wälder, von denen er umgeben ist; und Schreibtischarbeit bietet die völlige Abgeschiedenheit zur Genüge. Aber ob Du alles zugleich machst oder nur eins davon – ich kann nicht sagen «ich beneide Dich». Es schmerzt mich nur, daß nicht auch mir vergönnt ist, was ich so heftig begehre wie die Kranken den Wein, das Heilbad, den Brunnen. Werde ich nie diese allzu engen Fesseln, die ich nicht lockern darf, zerreißen? Ich glaube: nein. Denn zu den alten Pflichten kommen immer neue hinzu, und dabei sind noch die alten nicht erledigt; mit so vielen Verstrickungen, geradezu Ketten, wächst sich die Menge der Belastungen täglich aus.

An Arrianus

Es freut Dich immer, wenn sich im Senat etwas getan hat, was seiner würdig ist. Denn wenn Du Dich auch aus Ruhebedürfnis zurückgezogen hast, so steckt doch noch die Sorge um das Ansehen des Staates in Dir. Vernimm also, was dieser Tage geschehen ist! Wegen der Berühmtheit der Person ist es bedeutsam, wegen der Härte des Urteils ist es heilsam, wegen der Bedeutung des Falles ist es wirksam.

Marius Priscus accusantibus Afris quibus pro consule praefuit, omissa defensione iudices petiit. Ego et Cornelius Tacitus, adesse provincialibus iussi, existimavimus fidei nostrae convenire notum senatui facere excessisse Priscum immanitate et saevitia crimina quibus dari iudices possent, cum ob innocentes condemnandos, interficiendos etiam, pecunias accepisset.

Respondit Fronto Catius deprecatusque est, ne quid ultra repetundarum legem quaereretur, omniaque actionis suae vela vir movendarum lacrimarum peritissimus quodam velut vento miserationis implevit.

Magna contentio, magni utrimque clamores aliis cognitionem senatus lege conclusam, aliis liberam solutamque dicentibus, quantumque admisisset reus, tantum vindicandum. Novissime consul designatus Iulius Ferox, vir rectus et sanctus, Mario quidem iudices interim censuit dandos, evocandos autem quibus diceretur innocentium poenas vendidisse. Quae sententia non praevaluit modo, sed omnino post tantas dissensiones fuit sola frequens, adnotatumque experimentis, quod favor et misericordia acres et vehementes primos impetus habent, paulatim consilio et ratione quasi restincta considunt. Vnde evenit ut, quod multi clamore permixto tuentur, nemo tacentibus ceteris dicere velit; patescit enim, cum separaris a turba, contemplatio rerum quae turba teguntur.

Venerunt qui adesse erant iussi, Vitellius Honoratus et Flavius Marcianus; ex quibus Honoratus trecentis milibus exsilium equitis Romani septemque amicorum eius ultimam poenam, Marcianus unius equitis Ro-

Marius Priscus, von den Afrikanern angeklagt, deren Provinz er als Prokonsul verwaltet hat, verzichtete auf Verteidigung und verlangte eine Kommission. Ich und Cornelius Tacitus, als Beauftragte für die Provinzialen, meinten, es gehöre zu unserer Aufgabe, den Senat darauf hinzuweisen, Priscus habe sich durch Verruchtheit und Grausamkeit jenseits solcher Verbrechen begeben, die in die Zuständigkeit der Gerichte fallen. Denn er habe dafür, daß er Unschuldige verurteilen und sogar hinrichten ließ, Geld genommen.

Darauf antwortete Fronto Catius und bat dringend, daß es um nichts weiter als um das Rückerstattungsgesetz gehen solle; äußerst erfahren darin, zu Tränen zu rühren, blies er gleichsam alle Segel seiner Rede mit dem Winde des Mitgefühls auf.

Großer Streit, großer Lärm bei beiden Parteien, wobei die einen erklärten, eine Untersuchung durch den Senat sei durch das Gesetz ausgeschlossen, die anderen, sie stehe dem Senat frei, und was immer der Angeklagte begangen habe, dafür müsse er bestraft werden. Endlich erklärte der designierte Konsul Julius Ferox, ein aufrechter, ehrenwerter Mann, man solle doch für Marius einstweilen eine Kommission einsetzen, es sollten aber die vorgeladen werden, von denen er sich angeblich die Bestrafung Unschuldiger hatte bezahlen lassen. Dieser Antrag fand nicht nur Anklang, sondern bei so vielen unterschiedlichen Meinungen als einziger eine Mehrheit. Durch Erfahrung ist erwiesen, daß Gunst und Mitleid zunächst starke Wirkungen haben, allmählich aber durch Überlegung und Abwägung wie ausgebrannt in sich zusammenfallen. Daher kommt es, daß das, was viele im lärmenden Durcheinander verteidigen, bei allgemeinem Schweigen niemand mehr aussprechen will; wenn man erst aus der Masse heraustritt, öffnet sich der Blick für die wirkliche Lage, der durch die Masse verdeckt wird.

Es kamen die, deren Erscheinen angeordnet worden war: Vitellius Honoratus und Flavius Marcianus. Und zwar wurde dem Honoratus vorgeworfen, durch Bestechung mit 300 000 die Verbannung eines römischen Ritters und die Todesstrafe für sieben seiner Anhänger, dem Marcianus, durch eine

mani septingentis milibus plura supplicia arguebatur emisse; erat enim fustibus caesus, damnatus in metallum, strangulatus in carcere. Sed Honoratum cognitioni senatus mors opportuna subtraxit, Marcianus inductus est absente Prisco. Itaque Tuccius Cerialis consularis iure senatorio postulavit, ut Priscus certior fieret, sive quia miserabiliorem sive quia invidiosiorem fore arbitrabatur, si praesens fuisset, sive (quod maxime credo) quia aequissimum erat commune crimen ab utroque defendi, et si dilui non potuisset in utroque puniri.

Dilata res est in proximum senatum, cuius ipse conspectus augustissimus fuit. Princeps praesidebat (erat enim consul), ad hoc Ianuarius mensis cum cetera tum praecipue senatorum frequentia celeberrimus; praeterea causae amplitudo auctaque dilatione exspectatio et fama, insitumque mortalibus studium magna et inusitata noscendi, omnes undique exciverat.

Imaginare quae sollicitudo nobis, qui metus, quibus super tanta re in illo coetu praesente Caesare dicendum erat. Equidem in senatu non semel egi, quin immo nusquam audiri benignius soleo: tunc me tamen ut nova omnia novo metu permovebant. Obversabatur praeter illa quae supra dixi causae difficultas: stabat modo consularis, modo septemvir epulonum, iam neutrum. Erat ergo perquam onerosum accusare damnatum, quem ut premebat atrocitas criminis, ita quasi peractae damnationis miseratio tuebatur. Vtcumque tamen animum cogitationemque collegi, coepi dicere non minore audientium adsensu quam sollicitudine mea.

Summe von 700000 die mehrfache Bestrafung eines römischen Ritters erwirkt zu haben; der war nämlich geprügelt, ins Bergwerk gesteckt und dann im Kerker erdrosselt worden. Den Honoratus entzog zur rechten Zeit der Tod einer Verurteilung durch den Senat. Marcianus wurde in Abwesenheit des Marius Priscus vorgeführt. Deshalb forderte der Konsular Tuccius Cerialis gemäß senatorischem Recht, daß Priscus unterrichtet werde; vielleicht meinte er, dieser werde entweder mehr Mitleid oder mehr Abscheu erregen, wenn er zugegen sei, oder aber – und das leuchtet mir am ehesten ein –, daß es am gerechtesten sei, wenn einer gemeinsamen Anschuldigung gemeinsam entgegengetreten werde und dann, wenn diese nicht entkräftet werden könnte, beide gemeinsam bestraft würden.

Vertagt wurde die Sache auf die nächste Senatssitzung, deren Anblick allein schon höchst eindrucksvoll war. Der Fürst war Vorsitzender (er war nämlich Konsul), dazu war es Januar, der Monat, in dem abgesehen von allem anderen durch die reichliche Anwesenheit von Senatoren so viel los ist. Außerdem hatte die Bedeutung des Falles, das durch die Vertagung gesteigerte erwartungsvolle Gerede sowie die dem Menschen eigene Begierde, Großes und Ungewöhnliches zu erleben, alle von überall angelockt.

Du kannst Dir meine Erregung, meine Furcht denken, mit denen ich in einer solchen Sache vor dieser Versammlung in Gegenwart des Kaisers zu reden hatte! Nun bin ich ja im Senat nicht erst einmal aufgetreten, ich werde sogar nirgends mit so viel Wohlwollen angehört wie hier. Dennoch erregte es mir wie alles Neue neue Furcht. Zu bedenken war außer dem oben Gesagten die Schwierigkeit des Falles; da stand jemand, der eben noch Konsular, eben noch Septemvir bei den Epulonen und jetzt – keins von beiden war. Es war also überaus belastend, einen bereits Überführten zu belangen, den einerseits ein abscheuliches Verbrechen belastete, andererseits in gewisser Weise ein Mitleid wegen der völligen Bloßstellung schützte. Sobald ich indessen Seele und Geist gesammelt hatte, begann ich zu sprechen, wobei die Anteilnahme der Zuhörer nicht geringer war als meine Erregung.

Dixi horis paene quinque; nam duodecim clepsydris, quas spatiosissimas acceperam, sunt additae quattuor. Adeo illa ipsa, quae dura et adversa dicturo videbantur, secunda dicenti fuerunt. Caesar quidem tantum mihi studium, tantam etiam curam (nimium est enim dicere sollicitudinem) praestitit, ut libertum meum post me stantem saepius admoneret voci laterique consulerem, cum me vehementius putaret intendi, quam gracilitas mea perpeti posset.

Respondit mihi pro Marciano Claudius Marcellinus. Missus deinde senatus et revocatus in posterum; neque enim iam incohari poterat actio, nisi ut noctis interventu scinderetur.

Postero die dixit pro Mario Salvius Liberalis, vir subtilis dispositus acer disertus; in illa vero causa omnes artes suas protulit. Respondit Cornelius Tacitus eloquentissime et, quod eximium orationi eius inest, σεμνῶς. Dixit pro Mario rursus Fronto Catius insigniter, utque iam locus ille poscebat, plus in precibus temporis quam in defensione consumpsit. Huius actionem vespera inclusit, non tamen sic ut abrumperet. Itaque in tertium diem probationes exierunt. Iam hoc ipsum pulchrum et antiquum, senatum nocte dirimi, triduo vocari, triduo contineri.

Cornutus Tertullus consul designatus, vir egregius et pro veritate firmissimus, censuit septingenta milia quae acceperat Marius aerario inferenda, Mario urbe Italiaque interdicendum, Marciano hoc amplius Africa. In fine sententiae adiecit, quod ego et Tacitus iniuncta advocatione diligenter et fortiter functi essemus, arbitrari senatum ita nos fecisse ut dignum mandatis partibus

Ich sprach fast fünf Stunden hindurch; denn den zwölf Wasseruhr-Durchläufen, die ich sehr großzügig erhalten hatte, wurden noch vier hinzugefügt. So war gerade das, was mir, bevor ich zu reden begann, lästig und widrig erschien, günstig für mich, als ich sprach.

Sogar der Kaiser zeigte mir so viel Aufmerksamkeit, ja Besorgtheit (Beunruhigung wäre wohl zu viel gesagt), daß er meinen hinter mir stehenden Freigelassenen öfters mahnte, ich solle Brust und Stimme schonen, da er glaubte, ich strengte mich stärker an, als mein zartes Naturell es vertrage.

Für Marcianus erwiderte mir Claudius Marcellinus. Darauf wurde der Senat entlassen und für den folgenden Tag erneut einberufen; denn die Verhandlung konnte nicht wieder aufgenommen werden, sie wäre sonst durch den Einbruch der Nacht unterbrochen worden.

Für Marius sprach am folgenden Tage Salvius Liberalis, ein scharfsinniger, gründlicher, ausgezeichneter Mann; in dieser Sache zeigte er alle seine Künste. Ihm erwiderte Cornelius Tacitus mit höchster Redekunst, und was vor allem bezeichnend für seine Rede ist: vornehm. Dann sprach für Marius wiederum Fronto Catius, ausgezeichnet, und wie es jetzt am Platze war, verwandte er mehr Zeit auf Bitten als auf Verteidigung. Über dessen Rede wurde es Abend, aber es war nicht nötig, daß sie deshalb abgebrochen werden mußte. Somit gingen die Ermittlungen noch bis in den dritten Tag weiter. Schon das allein ist schön und ehrwürdig, daß der Senat bei Anbruch der Nacht sich trennt, für drei Tage einberufen wird und drei Tage lang verhandelt.

Cornutus Tertullus, designierter Konsul, ein ausgezeichneter und entschieden für die Wahrheit eintretender Mann, beantragte, die 700000, die Marius sich hatte geben lassen, in den Staatsschatz einzubringen, Marius aus der Stadt und aus Italien auszuweisen, Marcianus auch noch aus Afrika.

Am Schluß seines Antrags fügte er hinzu: Weil ich und Tacitus die uns übertragene Prozeßführung mit Sorgfalt und Nachdruck erledigt hätten, möge der Senat bestätigen, daß wir so

fuerit. Adsenserunt consules designati, omnes etiam consulares usque ad Pompeium Collegam: ille et septingenta milia aerario inferenda et Marcianum in quinquennium relegandum, Marium repetundarum poenae quam iam passus esset censuit relinquendum.

Erant in utraque sententia multi, fortasse etiam plures in hac vel solutiore vel molliore. Nam quidam ex illis quoque, qui Cornuto videbantur adsensi, hunc qui post ipsos censuerat sequebantur. Sed cum fieret discessio, qui sellis consulum adstiterant, in Cornuti sententiam ire coeperunt. Tum illi qui se Collegae adnumerari patiebantur in diversum transierunt; Collega cum paucis relictus. Multum postea de impulsoribus suis, praecipue de Regulo questus est, qui se in sententia quam ipse dictaverat deseruisset. Est alioqui Regulo tam mobile ingenium, ut plurimum audeat plurimum timeat.

Hic finis cognitionis amplissimae. Superest tamen λιτούργιον non leve, Hostilius Firminus legatus Mari Prisci, qui permixtus causae graviter vehementerque vexatus est. Nam et rationibus Marciani, et sermone quem ille habuerat in ordine Lepcitanorum, operam suam Prisco ad turpissimum ministerium commodasse, stipulatusque de Marciano quinquaginta milia denariorum probabatur, ipse praeterea accepisse sestertia decem milia foedissimo quidem titulo, nomine unguentarii, qui titulus a vita hominis compti semper et pumicati non abhorrebat.

Placuit censente Cornuto referri de eo proximo senatu; tunc enim, casu an conscientia, afuerat.

gehandelt hätten, wie es sich für unsere Aufgabe gehörte. Dem stimmten alle designierten Konsuln zu, ebenso alle Konsulare bis auf Pompeius Collega; der beantragte, es solle die Summe von 700000 dem Staatsschatz zugeführt, Marcianus solle für fünf Jahre verbannt werden; bei Marius solle es bei der Strafe der Rückerstattung der Gelder, wie es bereits beschlossen sei, bleiben.

Für beide Vorschläge stimmten viele, vielleicht sogar mehr für diesen nachsichtigeren oder auch milderen. Denn auch einige von jenen, die offenbar der Meinung des Cornutus gewesen waren, folgten nun dem, der als zweiter seinen Antrag gestellt hatte. Aber als dann die eigentliche Abstimmung stattfand, traten zunächst diejenigen, die sich zu den Sesseln der Konsuln gestellt hatten, dem Vorschlag des Cornutus bei. Darauf gingen auch jene, die sich zunächst Collega hatten zuzählen lassen, auf die Gegenseite über, Collega blieb mit wenigen zurück. Lebhafte Klage führte er später über seine Parteigänger, vor allem über Regulus, der ihn bei dem Antrag, den er selbst entworfen hatte, im Stich ließ. Auch sonst hat Regulus einen so wankelmütigen Geist, daß er sich alles Mögliche vornimmt, es aber dann mit der Angst zu tun bekommt.

Das war das Ende dieses in vieler Hinsicht wichtigen Prozesses. Übrig bleibt noch eine nicht einfache Staatsangelegenheit: Hostilius Firminus, der Legat des Marius Priscus, ist in die Sache verwickelt und schwer und nachhaltig ins Zwielicht geraten. Denn sowohl aus den Unterlagen des Marcianus wie durch eine Rede, die er vor einer Abordnung der Lepcitaner gehalten hatte, wurde ihm nachgewiesen, daß er dem Priscus zu einem höchst schändlichen Geschäft Hilfe geleistet, von Marcianus 50000 Denare versprochen bekommen und außerdem noch 10000 Sestertien angenommen hatte; der Ausdruck dafür war widerlich, er nannte es «Salbgeld», was zu der Art des immer geschniegelten und gestriegelten Menschen nicht schlecht paßte.

Auf den Vorschlag des Cornutus beschloß man, seinen Fall auf der nächsten Senatssitzung zu behandeln; damals war er nämlich, zufällig oder aus schlechtem Gewissen, abwesend.

Habes res urbanas; invicem rusticas scribe. Quid arbusculae tuae, quid vineae, quid segetes agunt, quid oves delicatissimae? In summa, nisi aeque longam epistulam reddis, non est quod postea nisi brevissimam exspectes. Vale.

II,14 C. PLINIVS MAXIMO SVO S.

Verum opinaris: distringor centumviralibus causis, quae me exercent magis quam delectant. Sunt enim pleraeque parvae et exiles; raro incidit vel personarum claritate vel negotii magnitudine insignis. Ad hoc pauci cum quibus iuvet dicere; ceteri audaces atque etiam magna ex parte adulescentuli obscuri ad declamandum huc transierunt, tam inreverenter et temere, ut mihi Atilius noster expresse dixisse videatur, sic in foro pueros a centumviralibus causis auspicari, ut ab Homero in scholis. Nam hic quoque ut illic primum coepit esse quod maximum est. At hercule ante memoriam meam (ita maiores natu solent dicere), ne nobilissimis quidem adulescentibus locus erat nisi aliquo consulari producente: tanta veneratione pulcherrimum opus colebatur. Nunc refractis pudoris et reverentiae claustris, omnia patent omnibus, nec inducuntur sed inrumpunt.

Sequuntur auditores actoribus similes, conducti et redempti. Manceps convenitur; in media basilica tam palam sportulae quam in triclinio dantur; ex iudicio in iudicium pari mercede transitur. Inde iam non inurbane Σοφοκλεῖς vocantur ἀπὸ τοῦ σοφῶς
56 καὶ καλεῖσθαι, isdem Latinum nomen im-
57 positum est Laudiceni; et tamen crescit in

Da hast Du die Geschichten aus der Stadt, dafür schreibe Du mir die vom Land! Was machen Deine Obstbäumchen, Deine Weinstöcke, Deine Saatfelder, was Deine herzigen Schafe? Alles in allem: Wenn Du mir nicht einen ebenso langen Brief schickst, dann kannst Du später auch nur noch einen kurzen erwarten.

An Maximus

Mit Recht vermutest Du, daß ich in Prozessen vor dem Centumviralgericht ersticke, die mich mehr plagen als erfreuen. Es sind nämlich die meisten klein und nebensächlich; selten kommt etwas vor, das sich durch die Bekanntheit der Personen oder die Bedeutung der Angelegenheit auszeichnet. Obendrein sind es wenige, mit denen zu verhandeln sich lohnt; die übrigen sind vorwitzige und zum großen Teil unbekannte Bürschlein, die zur Übung im Reden hierher gekommen sind, so unehrerbietig und leichtfertig, wie es mir Atilius wohl deutlich genug gesagt hat: Die Jungen machen auf dem Forum mit Centumviralsachen den Anfang wie in der Schule mit Homer. Hier wie dort beginnt man mit dem Schwierigsten. Aber beim Hercules: Früher, als ich jung war (wie alte Leute zu sagen pflegen), wurde selbst den vornehmsten Jünglingen nur dann ein Auftritt zugestanden, wenn sie von einem Konsular eingeführt wurden; mit so viel Hochachtung wurde unsere schöne Aufgabe behandelt. Jetzt, seit die Schranken der Scham und der Ehrerbietung gebrochen sind, steht allen alles offen, sie werden nicht eingeführt, sondern drängen sich herein.

Zu den Prozeßführenden gibt es das passende Publikum: gemietet und bestochen; man wird handelseinig; mitten in der Gerichtshalle wird das Schmiergeld so offen ausgehändigt wie in einem Eßlokal. Von einem Rechtsstandpunkt wird bei gleicher Bezahlung auf einen anderen übergewechselt. Daher nennt man sie nicht unwitzig «Sophoklesse», als lateinischer Name ist ihnen «Laudicener» beigelegt worden. Aber obwohl in beiden Sprachen deutlich benannt, wuchert dieser Miß-

dies foeditas utraque lingua notata. Here duo nomenclatores mei (habent sane aetatem eorum qui nuper togas sumpserint) ternis denariis ad laudandum trahebantur. Tanti constat ut sis disertissimus. Hoc pretio quamlibet numerosa subsellia implentur, hoc ingens corona colligitur, hoc infiniti clamores commoventur, cum mesochorus dedit signum. Opus est enim signo apud non intellegentes, ne audientes quidem; nam plerique non audiunt, nec ulli magis laudant. Si quando transibis per basilicam et voles scire, quo modo quisque dicat, nihil est quod tribunal ascendas, nihil quod praebeas aurem; facilis divinatio: scito eum pessime dicere, qui laudabitur maxime.

Primus hunc audiendi morem induxit Larcius Licinus, hactenus tamen ut auditores corrogaret. Ita certe ex Quintiliano praeceptore meo audisse me memini. Narrabat ille: «Adsectabar Domitium Afrum. Cum apud centumviros diceret graviter et lente (hoc enim illi actionis genus erat), audit ex proximo immodicum insolitumque clamorem. Admiratus reticuit; ubi silentium factum est, repetit quod abruperat. Iterum clamor, iterum reticuit, et post silentium coepit. Idem tertio. Novissime quis diceret quaesiit. Responsum est: ‹Licinus.› Tum intermissa causa ‹Centumviri›, inquit, ‹hoc artificium periit.›»

Quod alioqui perire incipiebat cum perisse Afro videretur, nunc vero prope funditus exstinctum et eversum est. Pudet referre quae quam fracta pronuntiatione dicantur, quibus quam teneris clamoribus excipiantur. Plausus tantum ac potius sola cymbala et tympana illis canticis desunt:

brauch täglich. Gestern wurden zwei Sklaven von mir (sie sind gerade im Alter derer, die eben die Toga empfangen haben) gegen drei Denare zum Beifallrufen weggeschleppt. So viel kostet es, daß man der Redegewaltigste ist. Zu diesem Preis wird eine beliebige Zahl von Bänken gefüllt, zu diesem Preis ein ungeheurer Kreis zusammengebracht, zu diesem Preis ein nicht endender Beifallslärm in Gang gesetzt, wenn der Chorführer das Zeichen gibt. Das Zeichen ist nämlich nötig bei Leuten, die nichts begreifen, die nicht einmal zuhören; denn die meisten hören nicht zu – aber niemand spendet mehr Beifall. Wenn Du einmal die Basilika durchschreitest und wissen willst, wie der eine oder andere spricht, ist es nicht nötig, auf die Bühne zu steigen, nicht nötig, hinzuhören. Es ist leicht zu erraten: Du kannst sicher sein, daß der am schlechtesten redet, der den meisten Beifall erntet.

Als erster hat diese Art der Hörerschaft Larcius Licinus eingeführt, aber nur in der Weise, daß er seine Zuhörer zusammenbettelte. Ich weiß noch genau, daß ich es so von Quintilian, meinem Lehrer, gehört habe. Er hat erzählt: «Ich begleitete ständig Domitius Afer. Als er vor den Centumvirn sprach, gewichtig und langsam (das war seine würdevolle Art der Verhandlung), hörte er aus nächster Nähe ein maßloses und ganz ungewöhnliches Geschrei. Erstaunt verstummte er. Sobald Stille eintrat, setzte er dort wieder ein, wo er unterbrochen hatte. Wieder Geschrei, wieder verstummte er, wieder begann er, als es still war; und ebenso noch ein drittes Mal. Endlich fragte er, wer da rede. Die Antwort war: ‹Licinus›. Da brach er die Verhandlung ab und sagte: ‹Centumvirn, unsere edle Zunft ist erledigt!›»

Was damals schon unterzugehen begann, als Afer dies meinte, ist jetzt wahrlich beinahe von Grund aus ausgelöscht und zerstört. Man schämt sich zu berichten, was da mit Stimmbruch vorgetragen, mit halbstarkem Geschrei erwidert wird. Nur Klatschen oder vielmehr: nur Becken und Trommeln fehlen noch bei diesem Gelärme. Und Geheul gar (denn mit einem anderen Wort läßt sich solcher

ululatus quidem (neque enim alio vocabulo potest exprimi theatris quoque indecora laudatio) large supersunt.

Nos tamen adhuc et utilitas amicorum et ratio aetatis moratur ac retinet; veremur enim ne forte non has indignitates reliquisse, sed laborem fugisse videamur. Sumus tamen solito rariores, quod initium est gradatim desinendi. Vale.

II,17 C. PLINIVS GALLO SVO S.

Miraris cur me Laurentinum vel (si ita mavis) Laurens meum tanto opere delectet; desines mirari, cum cognoveris gratiam villae, opportunitatem loci, litoris spatium. Decem septem milibus passuum ab urbe secessit, ut peractis quae agenda fuerint salvo iam et composito die possis ibi manere. Aditur non una via; nam et Laurentina et Ostiensis eodem ferunt, sed Laurentina a quarto decimo lapide, Ostiensis ab undecimo relinquenda est. Vtrimque excipit iter aliqua ex parte harenosum, iunctis paulo gravius et longius, equo breve et molle. Varia hinc atque inde facies; nam modo occurrentibus silvis via coartatur, modo latissimis pratis diffunditur et patescit; multi greges ovium, multa ibi equorum boum armenta, quae montibus hieme depulsa herbis et tepore verno nitescunt.

Villa usibus capax, non sumptuosa tutela. Cuius in prima parte atrium frugi, nec tamen sordidum; deinde porticus in D litterae similitudinem circumactae, quibus parvola sed festiva area includitur. Egregium hae adversus tempestates receptaculum; nam

selbst im Theater ungehörige Beifall nicht benennen) gibt es im Übermaß.

Freilich: die Rücksicht auf die Freunde und auch die Vernünftigkeit des Alters lassen mich noch zögern, halten mich noch fest. Ich fürchte nämlich, man könnte meinen, ich hätte mich nicht etwa diesen Niederträchtigkeiten, sondern der Arbeitslast entziehen wollen. Aber ich bin seltener da als zuvor, und das ist der Beginn eines schrittweisen Aufhörens.

An Gallus

Du wunderst Dich, warum mein Laurentinum – oder wenn Du lieber willst: mein Laurens – mich dermaßen erfreut; Du wirst aufhören, Dich zu wundern, wenn Du Kenntnis hast von der Anmut dieses Landsitzes, der Gunst der Lage, der Weitläufigkeit des Ufers. Das Gut ist siebzehn Meilen von der Stadt entfernt, so daß man, wenn das, was zu tun war, erledigt und der Tag lebendig überstanden ist, dort nächtigen kann. Es gibt nicht nur einen Weg; denn sowohl die Laurentina wie die Ostiensis führen hin. Man muß nur die Laurentina beim 14., die Ostiensis beim 11. Meilenstein verlassen. In beiden Fällen beginnt ein streckenweise sandiger Weg, für Gespanne ein wenig beschwerlich und langwierig, zum Reiten kurz und bequem. Wechselnde Aussichten nach hier und nach dort; bald wird der Weg durch die herantretenden Wälder eingeengt, bald erhält er Raum, öffnet er sich in weite Fluren. Viele Schafherden, viele Pferde- und Rinderherden, die, wegen des Winters von den Bergen herabgetrieben, auf den Weideplätzen und in der milden Frühlingsluft fett werden.

Das Landhaus ist groß genug für seinen Zweck, nicht aufwendig zu unterhalten. Zuerst kommt man in ein Atrium, einfach, aber nicht ärmlich; darauf folgt ein Säulengang, herumgeführt in der Form des Buchstabens D, durch den ein kleiner hübscher Hof umschlossen wird. Eine ausgezeichnete Zuflucht gegen Wind und Wetter; er ist durch Fensterschei-

specularibus ac multo magis imminentibus tectis muniuntur. Est contra medias cavaedium hilare, mox triclinium satis pulchrum, quod in litus excurrit ac si quando Africo mare impulsum est, fractis iam et novissimis fluctibus leviter adluitur. Vndique valuas aut fenestras non minores valuis habet atque ita a lateribus a fronte quasi tria maria prospectat; a tergo cavaedium porticum aream porticum rursus, mox atrium silvas et longinquos respicit montes.

Huius a laeva retractius paulo cubiculum est amplum, deinde aliud minus quod altera fenestra admittit orientem, occidentem altera retinet; hac et subiacens mare longius quidem sed securius intuetur. Huius cubiculi et triclinii illius obiectu includitur angulus, qui purissimum solem continet et accendit. Hoc hibernaculum, hoc etiam gymnasium meorum est; ibi omnes silent venti, exceptis qui nubilum inducunt, et serenum ante quam usum loci eripiunt. Adnectitur angulo cubiculum in hapsida curvatum, quod ambitum solis fenestris omnibus sequitur. Parieti eius in bibliothecae speciem armarium insertum est, quod non legendos libros sed lectitandos capit. Adhaeret dormitorium membrum transitu interiacente, qui suspensus et tubulatus conceptum vaporem salubri temperamento huc illuc digerit et ministrat. Reliqua pars lateris huius servorum libertorumque usibus detinetur, plerisque tam mundis, ut accipere hospites possint.

Ex alio latere cubiculum est politissimum; deinde vel cubiculum grande vel mo-
 dica cenatio, quae plurimo solo, plurimo
 mari lucet; post hanc cubiculum cum pro-

ben und vor allem durch ein überstehendes Dach geschützt. Es gibt zur Mitte hin einen freundlichen Vorraum, gleich dahinter einen wirklich schönen Speiseraum, der bis ans Ufer vorspringt und der, wenn manchmal das Meer vom Africus aufgerührt ist, durch die schon gebrochenen und nun auslaufenden Wellen leicht bespült wird. Überall hat er Flügeltüren oder Fenster, die nicht kleiner als Flügeltüren sind; so läßt er nach den beiden Seiten und nach vorne hinaus sozusagen auf drei Meere schauen. Nach hinten blickt er auf den Vorraum, den Säulengang, den Hof, nochmals den Säulengang, dann das Atrium, die Wälder und die fernen Berge.

Zur Linken, ein wenig zurücktretend, ist ein geräumiges Ruhezimmer, danach folgend ein anderes, kleines, welches durch das eine Fenster das Morgenlicht hereinläßt, durch das andere das Abendlicht lange auffängt. Auch von hier aus kann man das darunterliegende Meer betrachten – aus größerem, dafür sichererem Abstand. Dort, wo Ruheraum und Speisezimmer zusammenstoßen, ist ein Winkel entstanden, der die stärkste Sonnenwärme festhält und noch steigert. Dort ist das Winterplätzchen, dort auch der Turnplatz für meine Leute; hier schweigen alle Winde außer denen, die schlechtes Wetter bringen und das gute fortschaffen, noch bevor man sich dorthin begibt. An diesen Winkel grenzt ein in Form einer Apsis gerundeter Ruheraum, der dem Umlauf der Sonne mit allen Fenstern folgt. In seine Wand ist ein Schrank, eine Art Bücherschrank eingebaut, das Bücher nicht nur zum gewöhnlichen, sondern zum gründlichen Lesen enthält. Es schließt sich ein Schlafraum an, durch einen Durchgang abgeteilt, mit Heizröhren unterfangen, der die einströmende Wärme wohltemperiert nach hier und dort leitet und nutzbar macht. Der übrige Teil dieser Hausseite ist für die Benutzung durch die Freigelassenen und Sklaven bestimmt; die meisten Räume sind so sauber, daß sie Gäste aufnehmen können.

Auf der anderen Seite ist ein sehr fein ausgestatteter Ruheraum, sodann ein großer Ruhe- oder mittelgroßer Speiseraum, der ganz und gar im Glanz der Sonne und des Meeres strahlt; danach kommt ein Raum mit einem Vorzimmer,

coetone, altitudine aestivum, munimentis hibernum; est enim subductum omnibus ventis. Huic cubiculo aliud et procoeton communi pariete iunguntur. Inde balinei cella frigidaria spatiosa et effusa, cuius in contrariis parietibus duo baptisteria velut eiecta sinuantur, abunde capacia si mare in proximo cogites. Adiacet unctorium, hypocauston, adiacet propnigeon balinei, mox duae cellae magis elegantes quam sumptuosae; cohaeret calida piscina mirifica, ex qua natantes mare adspiciunt, nec procul sphaeristerium quod calidissimo soli inclinato iam die occurrit. Hic turris erigitur, sub qua diaetae duae, totidem in ipsa, praeterea cenatio quae latissimum mare longissimum litus villas amoenissimas possidet.

Est et alia turris; in hac cubiculum, in quo sol nascitur conditurque; lata post apotheca et horreum, sub hoc triclinium, quod turbati maris non nisi fragorem et sonum patitur, eumque iam languidum ac desinentem; hortum et gestationem videt, qua hortus includitur.

Gestatio buxo aut rore marino, ubi deficit buxus, ambitur; nam buxus, qua parte defenditur tectis, abunde viret; aperto caelo apertoque vento et quamquam longinqua aspergine maris inarescit. Adiacet gestationi interiore circumitu vinea tenera et umbrosa, nudisque etiam pedibus mollis et cedens. Hortum morus et ficus frequens vestit, quarum arborum illa vel maxime ferax terra est, malignior ceteris. Hac non deteriore quam maris facie cenatio remota a mari fruitur, cingitur diaetis duabus a tergo, quarum fenestris subiacet vestibulum villae et hortus alius pinguis et rusticus.

wegen seiner Höhe im Sommer, wegen seiner Geschütztheit im Winter angenehm, denn er ist allen Winden unzugänglich. An diesen Raum grenzt Wand an Wand noch einer, auch mit Vorzimmer. Dahinter liegt das breite und lange Gewölbe des Kaltwasserbades, aus dessen gegenüberliegenden Wänden zwei Badebecken sich sozusagen herausbuchten, reichlich groß genug, wenn man an das nahe Meer denkt. Es schließt sich der Salbraum an, die große Heizung, sodann der Heizraum des Bades, ferner zwei Kammern, geschmackvoll, aber nicht aufwendig; damit verbunden ein wunderschönes warmes Bad, aus dem die Badenden auf das Meer schauen; nicht weit davon eine Ballspielhalle, die auch im Hochsommer erst gegen Abend in die Sonne kommt. Hier erhebt sich ein Turm, in dessen Untergeschoß sich zwei Zimmer, in dessen eigentlichem Bau sich nochmals zwei Räume sowie ein Speiseraum befinden; ihm liegen das weite Meer, der endlose Strand und die reizendsten Landsitze zu Füßen.

Es ist da noch ein anderer Turm, mit einem Wohnzimmer, in dem die Sonne auf- und untergeht; weiter dahinter liegen ein Vorratsgelaß und -speicher, darunter ein Speiseraum, der bei aufgewühltem Meer nur das Brausen und Tosen hereinläßt, und auch das nur matt und gedämpft. Man sieht dort den Garten und einen Spazierweg, von dem der Garten begrenzt wird.

Der Spazierweg ist mit Buchsbaum oder, wo der Buchs fehlt, mit Rosmarin gesäumt. Denn der Buchs gedeiht dort üppig, wo er von Dächern geschützt ist; aber unter freiem Himmel, vom Wind oder gar vom weither kommenden Gischt des Meeres getroffen, verkümmert er. An dem inneren Umkreis des Spazierwegs entlang wächst ein Weinlaubengang, frisch gepflanzt, schattig und auch für bloße Füße weich und federnd. Im Garten stehen Maulbeerbaum und Feige dicht an dicht; für diese Bäume ist der dortige Boden außerordentlich fruchtbar; für andere ist er weniger günstig. Dieses vom Meer abgewandte Speisezimmer hat einen ebenso schönen Blick wie den aufs Meer: nach hinten stößt es an zwei Zimmer, unter deren Fenstern die Vorhalle des Landhauses und ein anderer ertragreicher ländlicher Garten liegt.

Hinc cryptoporticus prope publici operis extenditur. Vtrimque fenestrae, a mari plures, ab horto singulae sed alternis pauciores. Hae cum serenus dies et immotus, omnes, cum hinc vel inde ventis inquietus, qua venti quiescunt sine iniuria patent.

Ante cryptoporticum xystus violis odoratus. Teporem solis infusi repercussu cryptoporticus auget, quae ut tenet solem sic aquilonem inhibet summovetque, quantumque caloris ante tantum retro frigoris; similiter africum sistit, atque ita diversissimos ventos alium alio latere frangit et finit. Haec iucunditas eius hieme, maior aestate. Nam ante meridiem xystum, post meridiem gestationis hortique proximam partem umbra sua temperat, quae, ut dies crevit decrevitue, modo brevior modo longior hac vel illa cadit. Ipsa vero cryptoporticus tum maxime caret sole, cum ardentissimus culmini eius insistit. Ad hoc patentibus fenestris favonios accipit transmittitque nec umquam aere pigro et manente ingravescit.

In capite xysti, deinceps cryptoporticus horti, diaeta est amores mei, re vera amores: ipse posui. In hac heliocaminus quidem alia xystum, alia mare, utraque solem, cubiculum autem valuis cryptoporticum, fenestra prospicit mare. Contra parietem medium zotheca perquam eleganter recedit, quae specularibus et velis obductis reductisve modo adicitur cubiculo modo aufertur. Lectum et duas cathedras capit; a pedibus mare, a tergo villae, a capite silvae: tot facies locorum totidem fenestris et distinguit et miscet. Iunctum est cubiculum noctis et somni. Non illud voces servolorum, non maris murmur, non tempestatum motus

Von hier erstreckt sich eine überdeckte Halle, fast vom Umfang eines öffentlichen Bauwerks. Auf beiden Seiten Fenster, zum Meer hin mehr, zum Garten hin nur einzelne, immer gegenüber eines weniger. Diese stehen, wenn ein heiterer und windstiller Tag ist, ohne Gefahr alle zugleich offen; wenn aber da oder dort Wind weht, nur auf der windstillen Seite.

Vor der Halle ist eine Terrasse, vom Duft der Veilchen überströmt. Die Halle verstärkt die Wärme der eindringenden Sonne durch Widerstrahlen, und so, wie sie die Sonnenwärme festhält, hält sie den Nordwind ab, läßt ihn nicht ein; soviel Wärme vorne, soviel Kühle hinten. In gleicher Weise hemmt sie den Africus und genauso die verschiedenen anderen Winde, jeden auf seiner Seite. Diese Annehmlichkeit im Winter – eine noch größere im Sommer! Denn die Halle kühlt mit ihrem Schatten vormittags die Terrasse, nachmittags den vorderen Teil des Spazierwegs und des Gartens; auf diesen oder jenen Teil fällt er, je nachdem, wie der Tag aufsteigt oder sinkt, bald kürzer, bald länger. Die gedeckte Halle bekommt dann am wenigsten Sonne, wenn diese am heißesten auf ihr Dach brennt. Außerdem läßt sie bei geöffneten Fenstern die Westwinde herein- und hindurchwehen und wird nie durch träge, stehende Luft dumpf.

Am oberen Ende der Terrasse sowie der Halle und auch des Gartens steht ein Gartenhaus: meine ganze Liebe, wirklich Liebe! Ich selbst habe es gebaut. Hier blickt eine Veranda zur einen Seite auf die Terrasse, zur anderen auf das Meer, zu beiden auf die Sonne; und ein Wohnzimmer blickt durch eine Flügeltür auf die Halle, durch ein Fenster auf das Meer. Gegenüber der Zwischenwand springt recht anmutig eine Veranda vor, die durch Spiegel- und Stoffwände, hin- oder weggestellt, dem Wohnzimmer bald angeschlossen, bald entrückt wird. Sie enthält ein Ruhebett und zwei Armsessel; zu Füßen das Meer, im Rücken die Gebäude, zu Häupten die Wälder: so viele Landschaftsbilder wie Fenster bietet der Raum in Ausschnitten und als Komposition. In Verbindung damit ein Raum für die Nacht und den Schlaf. Er vernimmt nichts von den Stimmen der jungen Sklaven, dem Gemurmel

non fulgurum lumen, ac ne diem quidem sentit, nisi fenestris apertis. Tam alti abditique secreti illa ratio, quod interiacens andron parietem cubiculi hortique distinguit atque ita omnem sonum media inanitate consumit. Adplicitum est cubiculo hypocauston perexiguum, quod angusta fenestra suppositum calorem, ut ratio exigit, aut effundit aut retinet. Procoeton inde et cubiculum porrigitur in solem, quem orientem statim exceptum ultra meridiem oblicum quidem sed tamen servat.

In hanc ego diaetam cum me recepi, abesse mihi etiam a villa mea videor, magnamque eius voluptatem praecipue Saturnalibus capio, cum reliqua pars tecti licentia dierum festisque clamoribus personat; nam nec ipse meorum lusibus nec illi studiis meis obstrepunt.

Haec utilitas haec amoenitas deficitur aqua salienti, sed puteos ac potius fontes habet; sunt enim in summo. Et omnino litoris illius mira natura: quocumque loco moveris humum, obvius et paratus umor occurrit, isque sincerus ac ne leviter quidem tanta maris vicinitate corruptus.

Suggerunt adfatim ligna proximae silvae; ceteras copias Ostiensis colonia ministrat. Frugi quidem homini sufficit etiam vicus, quem una villa discernit. In hoc balinea meritoria tria, magna commoditas, si forte balineum domi vel subitus adventus vel brevior mora calfacere dissuadeat.

Litus ornant varietate gratissima nunc continua nunc intermissa tecta villarum, quae praestant multarum urbium faciem, sive mari sive ipso litore utare; quod non numquam longa tranquillitas mollit, sae-

des Meeres, dem Wehen der Stürme, dem Licht der Blitze, er merkt nicht einmal den Tag, es sei denn bei geöffneten Fenstern. Ursache für diese große, ganz verborgene Abgeschiedenheit ist, daß ein dazwischenliegender Gang die Wand des Schlafzimmners vom Garten trennt und so jedes Geräusch durch bloßen Abstand verschluckt. Zum Schlafraum gehört ein knapp bemessenes Heizgewölbe, welches mit Hilfe einer kleinen Klappe die unten erzeugte Wärme nach Wunsch ausströmen läßt oder zurückhält. Dahinter ein Vorraum und ein Wohnzimmer, zur Sonne gerichtet; wenn sie aufgeht, fängt er sie gleich auf; und er hält sie auch noch fest, wenn sie nach Mittag schräg steht.

In diesem Gartenhaus, wenn ich mich dahin zurückgezogen habe, glaube ich sogar meinem Landhaus ferne zu sein, und große Freude daran habe ich besonders während der Saturnalien, wenn der übrige Teil der Gebäude von der Freiheit dieser Tage und dem festlichen Lärm widerhallt; denn weder störe dann ich die Späße meiner Leute, noch stören sie meine Arbeit.

Dieser Behaglichkeit, dieser Anmut fehlt nur ein Springbrunnen, aber Brunnen oder vielmehr Quellen gibt es. Sie liegen nämlich dicht unter dem Boden. Die Beschaffenheit dieses Gestades ist überhaupt wunderbar: wo immer man die Erde lockert, kommt einem bereitwillig das Wasser entgegen, und zwar rein und trotz der Nähe des Meeres kein bißchen salzig.

Holz liefern zur Genüge die ganz nahe befindlichen Wälder; den übrigen Bedarf deckt die Siedlung Ostia. Einem bescheidenen Mann genügt auch das Dorf, das eine Gehöftstrecke entfernt ist. Dort sind drei öffentliche Bäder, eine große Bequemlichkeit, wenn einmal eine plötzliche Ankunft oder ein kurzer Aufenthalt das Anheizen des Bades nicht empfehlen.

Die Küste zieren in gefälliger Abwechslung, bald zusammenhängend, bald in Abständen die Gebäude von Landsitzen, die so aussehen wie eine Vielzahl von Städten, ob man es vom Meer oder vom Ufer aus betrachtet. Dort verwöhnt einen manchmal eine Windstille, öfter aber plagt einen eine stän-

pius frequens et contrarius fluctus indurat. Mare non sane pretiosis piscibus abundat, soleas tamen et squillas optimas egerit. Villa vero nostra etiam mediterraneas copias praestat, lac in primis; nam illuc e pascuis pecora conveniunt, si quando aquam umbramve sectantur.

Iustisne de causis iam tibi videor incolere inhabitare diligere secessum? quem tu nimis urbanus es nisi concupiscis. Atque utinam concupiscas! ut tot tantisque dotibus villulae nostrae maxima commendatio ex tuo contubernio accedat. Vale.

II,20 C. PLINIVS CALVISIO SVO S.

Assem para et accipe auream fabulam, fabulas immo; nam me priorum nova admonuit, nec refert a qua potissimum incipiam.

Verania Pisonis graviter iacebat, huius dico Pisonis, quem Galba adoptavit. Ad hanc Regulus venit. Primum impudentiam hominis, qui venerit ad aegram, cuius marito inimicissimus, ipsi invisissimus fuerat! Esto, si venit tantum; at ille etiam proximus toro sedit, quo die qua hora nata esset interrogavit. Vbi audiit, componit vultum intendit oculos movet labra, agitat digitos computat. Nihil. Vt diu miseram exspectatione suspendit, «Habes» inquit «climactericum tempus sed evades. Quod ut tibi magis liqueat, haruspicem consulam, quem sum frequenter expertus.» Nec mora, sacrificium facit, adfirmat exta cum siderum significatione congruere. Illa ut in periculo credula poscit codicillos, legatum Regulo scribit. Mox ingravescit, clamat moriens

dige unruhige Brandung. Das Meer hat nicht gerade Überfluß an edlen Fischen, liefert aber doch Schollen und vorzügliche Krabben.

Mein Landgut bringt aber auch heimische Nahrungsmittel hervor, vor allem Milch. Denn hier kommt das Vieh von den Weiden zusammen, wann immer es auf Wasser und Schatten aus ist.

Findest Du nicht auch, daß ich aus guten Gründen diesen Zufluchtsort hege und pflege, bewohne und liebe? Du bist ein unverbesserlicher Stadtmensch, wenn Du nicht verlockt bist! Ach, wärest Du doch verlockt, damit zu allen diesen Köstlichkeiten meines Gütchens die höchste Auszeichnung hinzukommt: Dein gastlicher Aufenthalt.

An Calvisius

Halte einen Heller bereit und vernimm eine goldene Geschichte, vielmehr: Geschichten; denn mich hat eine neue an ältere erinnert; es ist einerlei, mit welcher ich am passendsten anfange.

Verania, die Witwe des Piso – ich meine: jenes Piso, den Galba adoptiert hat – lag schwer krank zu Bett. Zu ihr kam Regulus. Erstens: Welche Unverschämtheit dieses Menschen, zu einer Kranken zu kommen, mit deren Mann er gründlich verfeindet war, und die ihn selber unausstehlich fand. Gut, wenn er bloß gekommen wäre! Aber dieser Mensch setzte sich ganz nah an ihr Lager und fragte, an welchem Tag und zu welcher Stunde sie geboren sei. Als er es gehört, verzieht er das Gesicht, starrt vor sich hin, bewegt die Lippen, bewegt die Finger, rechnet, kein Wort! Und als er die Unglückliche lang genug auf die Folter gespannt hat, sagt er: «Du befindest dich in einer kritischen Lebensphase, aber du wirst davonkommen. Damit dir das ganz deutlich wird, werde ich einen Wahrsager befragen, den ich schon öfter zu Rate gezogen habe.» Unverzüglich läßt er opfern, erklärt, die Eingeweide stimmten mit den Zeichen der Gestirne überein. Sie, in der Gefahr vertrauensselig, verlangt Schreibwerk-

hominem nequam perfidum ac plus etiam quam periurum, qui sibi per salutem filii peierasset. Facit hoc Regulus non minus scelerate quam frequenter, quod iram deorum, quos ipse cotidie fallit, in caput infelicis pueri detestatur.

Velleius Blaesus ille locuples consularis novissima valetudine conflictabatur: cupiebat mutare testamentum. Regulus qui speraret aliquid ex novis tabulis, quia nuper captare eum coeperat, medicos hortari rogare, quoquo modo spiritum homini prorogarent. Postquam signatum est testamentum, mutat personam, vertit adlocutionem isdemque medicis: «Quousque miserum cruciatis? quid invidetis bona morte, cui dare vitam non potestis?» Moritur Blaesus et, tamquam omnia audisset, Regulo ne tantulum quidem.

Sufficiunt duae fabulae, an scholastica lege tertiam poscis? est unde fiat.

Aurelia ornata femina signatura testamentum sumpserat pulcherrimas tunicas. Regulus cum venisset ad signandum, «Rogo» inquit «has mihi leges.» Aurelia ludere hominem putabat, ille serio instabat; ne multa, coegit mulierem aperire tabulas ac sibi tunicas quas erat induta legare; observavit scribentem, inspexit an scripsisset. Et Aurelia quidem vivit, ille tamen istud tamquam morituram coegit. Et hic hereditates, hic legata quasi mereatur accipit.

Ἀλλὰ τί διατείνομαι in ea civitate, in qua iam pridem non minora praemia, immo maiora nequitia et improbitas quam pudor et virtus habent? Adspice Regulum, qui ex paupere et tenui ad tantas opes per flagitia processit, ut ipse mihi dixerit, cum con-

zeug, setzt dem Regulus ein Legat aus. Bald wird sie kränker; sterbend klagt sie, der nichtswürdige, treulose und mehr als meineidige Mensch habe ihr bei dem Leben seines Sohnes falsch geschworen. Das tut Regulus, gewissenlos, immer wieder, daß er den Zorn der Götter, die er täglich hintergeht, auf das Haupt des unglücklichen Knaben herabschwört.

Velleius Blaesus, der begüterte Konsular, wurde von lebensbedrohender Krankheit aufs Lager geworfen und verlangte sein Testament zu ändern. Regulus, der sich etwas von der neuen Aufstellung erhoffte, weil er kürzlich ihn zu umgarnen begonnen hatte, ermahnte die Ärzte und bat sie, auf jede Weise dem Manne das Leben zu verlängern. Nachdem das Testament unterzeichnet ist, schlägt er einen anderen Ton an und richtet an die gleichen Ärzte das Wort: «Wie lange noch martert ihr den Unglücklichen? Was neidet ihr ihm den ehrlichen Tod, wenn ihr ihm nicht das Leben wiedergeben könnt?» Blaesus stirbt – und, als ob er alles gehört hätte: für Regulus kein bißchen.

Genügen Dir diese beiden Geschichten, oder möchtest Du nach der Schulregel noch eine dritte? Es gibt sie, und so sei es.

Aurelia, eine hochansehnliche Dame, hatte zur Unterfertigung ihres Testamentes ihre schönsten Gewänder angezogen. Regulus, der als Testamentszeuge gekommen war, sagte zu ihr: «Bitte, vermach mir diese Kleider.» Aurelia glaubte, der Mann scherze, aber er bestand wirklich darauf. Kurz: er brachte die Frau dazu, das Testament zu öffnen und ihm die Kleider, die sie anhatte, zu vermachen; er beobachtete sie beim Schreiben und prüfte, ob sie geschrieben habe. Aurelia lebt noch heute – und er hat sie zu dieser Handlung gezwungen, als wäre sie eine Sterbende. So erlangt er hier eine Erbschaft, dort ein Vermächtnis, als ob er es verdiente.

Aber was rege ich mich auf – in einer Gesellschaft, in der schon längst Schändlichkeit und Schlechtigkeit nicht etwa geringeren, sondern größeren Gewinn bringen als Anstand und Redlichkeit? Schau den Regulus an, der aus Armut und Dürftigkeit durch seine Schandtaten zu solchem Reichtum gelangt ist; er hat mir selber erzählt, er habe sich weissagen

suleret quam cito sestertium sescentiens impleturus esset, invenisse se exta duplicia, quibus portendi miliens et ducentiens habiturum.

Et habebit, si modo ut coepit, aliena testamenta, quod est improbissimum genus falsi, ipsis quorum sunt illa dictaverit. Vale.

III,7 C. PLINIVS CANINIO RVFO SVO S.

Modo nuntiatus est Silius Italicus in Neapolitano suo inedia finisse vitam. Causa mortis valetudo. Erat illi natus insanabilis clavus, cuius taedio ad mortem inrevocabili constantia decucurrit usque ad supremum diem beatus et felix, nisi quod minorem ex liberis duobus amisit, sed maiorem melioremque florentem atque etiam consularem reliquit.

Laeserat famam suam sub Nerone (credebatur sponte accusasse), sed in Vitelli amicitia sapienter se et comiter gesserat, ex proconsulatu Asiae gloriam reportaverat, maculam veteris industriae laudabili otio abluerat.

Fuit inter principes civitatis sine potentia, sine invidia: salutabatur colebatur, multumque in lectulo iacens cubiculo semper, non ex fortuna frequenti, doctissimis sermonibus dies transigebat, cum a scribendo vacaret.

Scribebat carmina maiore cura quam ingenio, non numquam iudicia hominum recitationibus experiebatur. Novissime ita suadentibus annis ab urbe secessit, seque in Campania tenuit, ac ne adventu quidem novi principis inde commotus est: magna

lassen, wie rasch er sechshundert(tausend) Sestertien zusammengebracht haben werde; dabei habe er doppelte Eingeweide gefunden, woraus hervorgeht, daß er zwölfhundert(tausend) haben werde.

Und er wird sie bekommen, wenn er wie bisher für fremde Testamente – das ist doch die schlimmste Art des Betruges – denen, die sie machen, den Text diktiert.

An Caninius

Eben ist bekannt geworden, daß Silius Italicus auf seinem neapolitanischen Gut durch Hungern seinem Leben ein Ende gemacht hat; der Grund seines Todes war Krankheit. Es war bei ihm eine unheilbare Geschwulst entstanden; wegen deren Ekelhaftigkeit beschloß er zu sterben, unbeirrbar standhaft, bis zum letzten Tag glücklich und zufrieden, nur daß er den jüngeren seiner beiden Söhne verloren hat; aber den älteren, tüchtigeren läßt er als erfolgreichen Mann und auch bereits Konsular zurück.

Unter Nero hatte er seinen eigenen guten Ruf Schaden nehmen lassen (er soll aus freien Stücken Anklagen erhoben haben), aber in seiner Verbundenheit mit Vitellius hatte er sich klug und treu gezeigt; von der Statthalterschaft in Asien hatte er hohes Ansehen mitgebracht, von dem Makel seines vormaligen Eifers hatte er sich durch löbliche Zurückhaltung reingewaschen. Er lebte unter den Spitzen der Bürgerschaft, ohne Amt, ohne beneidet zu werden; man suchte ihn auf, bezeigte ihm Achtung. Viel auf dem Lager liegend in seinem Zimmer, in dem immer uneigennützige Besucher waren, verbrachte er seine Tage mit hochgelehrten Gesprächen, wenn er beim Schreiben eine Pause machte.

Er schrieb Gedichte, mehr mit Fleiß als mit Genie; manchmal erkundete er durch Vorlesen die Meinung der Menschen. Zuletzt, als seine Jahre es geraten sein ließen, zog er sich aus der Stadt zurück und hielt sich ständig in Campanien auf; nicht einmal durch die Ankunft des neuen Fürsten konnte er von dort weggelockt werden. Großes Lob für den Kaiser,

Caesaris laus sub quo hoc liberum fuit, magna illius qui hac libertate ausus est uti.

Erat φιλόκαλος usque ad emacitatis reprehensionem. Plures isdem in locis villas possidebat, adamatisque novis priores neglegebat. Multum ubique librorum, multum statuarum, multum imaginum, quas non habebat modo, verum etiam venerabatur, Vergili ante omnes, cuius natalem religiosius quam suum celebrabat, Neapoli maxime, ubi monimentum eius adire ut templum solebat.

In hac tranquillitate annum quintum et septuagensimum excessit, delicato magis corpore quam infirmo; utque novissimus a Nerone factus est consul, ita postremus ex omnibus, quos Nero consules fecerat, decessit. Illud etiam notabile: ultimus ex Neronianis consularibus obiit, quo consule Nero periit.

Quod me recordantem fragilitatis humanae miseratio subit. Quid enim tam circumcisum tam breve quam hominis vita longissima? An non videtur tibi Nero modo modo fuisse? cum interim ex iis, qui sub illo gesserant consulatum, nemo iam superest. Quamquam quid hoc miror? Nuper L. Piso, pater Pisonis illius, qui a Valerio Festo per summum facinus in Africa occisus est, dicere solebat neminem se videre in senatu, quem consul ipse sententiam rogavisset. Tam angustis terminis tantae multitudinis vivacitas ipsa concluditur, ut mihi non venia solum dignae, verum etiam laude videantur illae regiae lacrimae; nam ferunt Xersen, cum immensum exercitum oculis obisset, inlacrimasse, quod tot milibus tam brevis immineret occasus.

Sed tanto magis hoc, quidquid est tem-

unter dem das erlaubt war, und ein großes Lob auch für den, der von dieser Freiheit Gebrauch zu machen wagte.

Er war ein Liebhaber des Schönen bis zum Vorwurf der Kaufsucht. Mehrere Landsitze besaß er in derselben Gegend, und über den neu liebgewonnenen vernachlässigte er die früheren.

Eine Menge Bücher überall, eine Menge Standbilder, eine Menge Bildnisse, die er nicht nur besaß, sondern geradezu verehrte, vor allem das des Vergil, dessen Geburtstag er mit mehr frommer Andacht feierte als seinen eigenen, meist in Neapel, wo er Vergils Grabmal immer wie einen Tempel besuchte.

In solcher Seelenruhe überschritt er das 75. Lebensjahr mit einem mehr weichlichen als kränklichen Körper. Wie er der letzte war, den Nero zum Konsul machte, so ist er auch als letzter von allen, die Nero zu Konsuln gemacht hat, gestorben. Auch das ist feststellenswert: als letzter der gewesenen Konsuln aus neronischer Zeit starb der, unter dessen Konsulat Nero endete.

Wenn ich daran denke, überkommt mich der Jammer um die menschliche Hinfälligkeit. Was ist so begrenzt, so kurz wie ein noch so langes Menschenleben? Kommt es Dir nicht so vor, als habe Nero gerade eben noch gelebt? Und inzwischen ist von denen, die das Konsulat innehatten, keiner mehr übrig. Doch warum wundert mich das? Noch vor kurzem sagte L. Piso, der Vater jenes Piso, der von Valerius Festus höchst verbrecherisch in Afrika ermordet worden ist: Er treffe niemanden mehr im Senat, den er noch selbst als Konsul zur Stimmabgabe aufgefordert habe.

Innerhalb zweier so naher Grenzpunkte ist das Leben so vieler beschlossen. Daher scheinen mir jene königlichen Tränen nicht nur Nachsicht, sondern geradezu hohe Achtung zu verdienen; man erzählt doch, daß Xerxes, als er über sein gewaltiges Heer hin sah, in Tränen ausgebrochen sei, da so vielen Tausenden ein so rascher Untergang drohe.

Um so mehr sollten wir die Spanne, die uns von der

poris futilis et caduci, si non datur factis (nam horum materia in aliena manu), certe studiis proferamus, et quatenus nobis denegatur diu vivere, relinquamus aliquid, quo nos vixisse testemur.

Scio te stimulis non egere: me tamen tui caritas evocat, ut currentem quoque instigem, sicut tu soles me. Ἀγαθὴ δ' ἔρις cum invicem se mutuis exhortationibus amici ad amorem immortalitatis exacuunt. Vale.

III,12 C. PLINIVS CATILIO SEVERO SVO S.

Veniam ad cenam, sed iam nunc paciscor, sit expedita sit parca, Socraticis tantum sermonibus abundet, in his quoque teneat modum. Erunt officia antelucana, in quae incidere impune ne Catoni quidem licuit, quem tamen C. Caesar ita reprehendit ut laudet. Describit enim eos, quibus obvius fuerit, cum caput ebrii retexissent, erubuisse; deinde adicit: «Putares non ab illis Catonem, sed illos a Catone deprehensos.» Potuitne plus auctoritatis tribui Catoni, quam si ebrius quoque tam venerabilis erat?

Nostrae tamen cenae, ut adparatus et impendii, sic temporis modus constet. Neque enim ii sumus quos vituperare ne inimici quidem possint, nisi ut simul laudent. Vale.

III,14 C. PLINIVS ACILIO SVO S.

Rem atrocem nec tantum epistula dignam
78 Larcius Macedo vir praetorius a servis suis
79 passus est, superbus alioqui dominus et sae-

vergänglichen und flüchtigen Zeit bleibt – wenn sie nicht für Taten gebraucht wird, deren Gegenstände in einer anderen Hand liegen – mit geistiger Arbeit zubringen, und da uns nun einmal versagt ist, lange zu leben, etwas hinterlassen, wodurch wir bezeugen, daß wir gelebt haben.

Ich weiß, Du bedarfst keines Anspornes; und doch ruft meine Liebe zu Dir mich auf, Dich noch im Laufen anzuspornen, wie Du es auch mit mir machst. Edel ist der Wettstreit – wenn sich Freunde durch gegenseitige Ermunterungen dazu bewegen, mit ganzem Herzen nach Unsterblichkeit zu trachten.

An Catilius

Ich werde zum Essen kommen, aber schon jetzt bedinge ich mir aus: es sei einfach, bescheiden, nur an sokratischen Gesprächen reichhaltig, aber selbst darin sollte es Maß halten. Es gibt Tätigkeiten und Amtshandlungen vor Tagesanbruch, in die nicht einmal Cato ungestraft hineingeraten durfte, den freilich Caesar auf eine Weise tadelte, daß es eigentlich ein Lob war. Er beschreibt nämlich, daß die, denen Cato begegnete, errötet seien, als sie dem Betrunkenen die Kopfbedeckung abnahmen, und fügt hinzu: «Man konnte meinen, nicht Cato sei von ihnen, sondern sie seien von Cato ertappt worden.» Konnte Cato mehr Ansehen haben als dies, daß man ihm auch noch in seiner Trunkenheit Ehre erwies?

Für unser Essen gelte also wie für Zurüstung und Aufmachung, so auch für die Zeitdauer das gehörige Maß. Denn wir gehören keineswegs zu den Leuten, denen nicht einmal ihre Gegner etwas vorwerfen können, ohne sie zugleich zu loben.

An Acilius

Eine gräßliche Untat, nicht nur einer Briefschilderung wert, ist dem früheren Praetor Larcius Macedo durch seine Sklaven angetan worden; allerdings war er ein hochfahrender,

vus, et qui servisse patrem suum parum, immo nimium meminisset.

Lavabatur in villa Formiana. Repente eum servi circumsistunt. Alius fauces invadit, alius os verberat, alius pectus et ventrem, atque etiam (foedum dictu) verenda contundit; et cum exanimem putarent, abiciunt in fervens pavimentum, ut experirentur an viveret. Ille sive quia non sentiebat, sive quia se non sentire simulabat, immobilis et extentus fidem peractae mortis implevit. Tum demum quasi aestu solutus effertur; excipiunt servi fideliores, concubinae cum ululatu et clamore concurrunt. Ita et vocibus excitatus et recreatus loci frigore sublatis oculis agitatoque corpore vivere se (et iam tutum erat) confitetur. Diffugiunt servi; quorum magna pars comprehensa est, ceteri requiruntur. Ipse paucis diebus aegre focilatus non sine ultionis solacio decessit ita vivus vindicatus, ut occisi solent.

Vides quot periculis quot contumeliis quot ludibriis simus obnoxii; nec est quod quisquam possit esse securus, quia sit remissus et mitis; non enim iudicio domini sed scelere perimuntur.

Verum haec hactenus. Quid praeterea novi? Quid? Nihil, alioqui subiungerem; nam et charta adhuc superest, et dies feriatus patitur plura contexi. Addam quod opportune de eodem Macedone succurrit. Cum in publico Romae lavaretur, notabilis atque etiam, ut exitus docuit, ominosa res accidit. Eques Romanus a servo eius, ut transitum daret, manu leviter admonitus
80 convertit se nec servum, a quo erat tactus,
81 sed ipsum Macedonem tam graviter palma

grausamer Herr, der zu wenig oder im Gegenteil zu viel daran dachte, daß sein Vater Sklave war.

Er badete in seinem Landhaus in Formiae. Unversehens umstellen ihn die Sklaven. Einer drückt ihm die Kehle zu, ein anderer schlägt ihm ins Gesicht, ein dritter zerschlägt ihm die Brust und den Bauch und sogar, abscheulich zu sagen, die Schamteile; als sie ihn für entseelt halten, werfen sie ihn auf den glühend heißen Fußboden, um zu prüfen, ob er noch lebe. Er aber, entweder weil er nichts fühlte, oder weil er nur vortäuschte, er fühle nichts, machte durch sein unbewegtes Daliegen den Eindruck, der Tod sei eingetreten. Jetzt erst wird er, wie von der Hitze erledigt, hinausgetragen. Die treueren Sklaven kümmern sich um ihn, seine Konkubinen laufen mit Geheul und Geschrei zusammen. So nun durch die Stimmen aufgeweckt und durch die kühle Luft erfrischt, gibt er durch das Öffnen der Augen und durch Körperbewegungen zu erkennen – er war ja nun in Sicherheit –, daß er am Leben sei. Die Sklaven stieben auseinander; ein großer Teil von ihnen wird festgenommen, nach den übrigen wird gefahndet. Er selbst, mit Mühe wiederbelebt, starb nach wenigen Tagen, nicht ohne den Trost, gerächt zu sein; so erhielt er noch lebend eine Genugtuung wie sonst nur Tote.

Du siehst, wie vielen Gefahren, wie vielen Schmähungen, wie vielen Verhöhnungen wir ausgesetzt sind; und es ist nicht so, daß jemand sicher sein kann, weil er nachsichtig und gütig ist; denn nicht gemäß dem Urteil über den Herrn, sondern aus Lust am Verbrechen bringen sie einen um.

Nun aber Schluß damit. Was gibt es sonst Neues? Was? Nichts; andernfalls würde ich es hier anschließen, denn einmal ist auf dem Blatt noch Platz, und zweitens erlaubt mir der Feiertag noch ein wenig weiterzuspinnen. Ich will anfügen, was mir gerade von demselben Macedo einfällt: Als er ein öffentliches Bad in Rom besuchte, ereignete sich etwas Bemerkenswertes und, wie sein Tod gezeigt hat, Bedeutungsvolles. Ein römischer Ritter, von einem Sklaven des Macedo leicht mit der Hand angestoßen, er möchte den Weg freigeben, wandte sich um und – nicht den Sklaven, der ihn berührt hatte, sondern den Macedo selbst schlug er so hart mit der

percussit ut paene concideret. Ita balineum illi quasi per gradus quosdam primum contumeliae locus, deinde exitii fuit. Vale.

III,16 C. PLINIVS NEPOTI SVO S.

Adnotasse videor facta dictaque virorum feminarumque alia clariora esse alia maiora.

Confirmata est opinio mea hesterno Fanniae sermone. Neptis haec Arriae illius, quae marito et solacium mortis et exemplum fuit. Multa referebat aviae suae non minora hoc sed obscuriora; quae tibi existimo tam mirabilia legenti fore, quam mihi audienti fuerunt.

Aegrotabat Caecina Paetus maritus eius, aegrotabat et filius, uterque mortifere, ut videbatur. Filius decessit eximia pulchritudine par verecundia, et parentibus non minus ob alia carus quam quod filius erat. Huic illa ita funus paravit, ita duxit exsequias, ut ignoraret maritus; quin immo quotiens cubiculum eius intraret, vivere filium atque etiam commodiorem esse simulabat, ac persaepe interroganti, quid ageret puer, respondebat; «Bene quievit, libenter cibum sumpsit.» Deinde, cum diu cohibitae lacrimae vincerent prorumperentque, egrediebatur; tunc se dolori dabat; satiata siccis oculis composito vultu redibat, tamquam orbitatem foris reliquisset.

Praeclarum quidem illud eiusdem, ferrum stringere, perfodere pectus, extrahere pugionem, porrigere marito, addere vocem immortalem ac paene divinam: «Paete, non
82 dolet.» Sed tamen ista facienti, ista dicenti,
83 gloria et aeternitas ante oculos erant; quo

flachen Hand, daß dieser fast zu Fall kam. So war das Bad für ihn gleichsam stufenweise erst die Stätte einer Beleidigung, dann des Untergangs.

An Nepos

Ich glaube bemerkt zu haben, daß einige Taten und Worte von Männern und Frauen ziemlich berühmt sind, andere aber bedeutsamer.

Bestätigt wurde meine Meinung durch ein Gespräch, das ich gestern mit Fannia hatte. Sie ist die Enkelin jener Arria, die für ihren Gatten Trösterin und Vorbild im Tode war. Viel berichtete sie von ihrer Großmutter, was nicht weniger großartig, aber nicht so bekannt ist; es wird Dir, meine ich, beim Lesen ebenso bewundernswert scheinen, wie es mir beim Hören war.

Es war krank Caecina Paetus, ihr Gatte, und krank war auch der Sohn, beide auf den Tod, wie es schien. Der Sohn, ausgezeichnet durch Schönheit wie durch Gesittung – die Eltern liebten ihn also auch aus anderen Gründen als dem, daß er ihr Sohn war –, starb. Arria rüstete ihm so die Leichenfeier zu, führte so die Bestattung aus, daß der Gatte nichts davon merkte; sie täuschte ihm sogar vor, so oft sie in sein Schlafzimmer kam, der Sohn lebe und befinde sich schon besser, und antwortete ihm, wenn er immer wieder fragte, was der Knabe mache: «Er hat gut geschlafen und gern etwas gegessen.» Dann, wenn die lang zurückgehaltenen Tränen stärker waren und aus den Augen schossen, ging sie hinaus und überließ sich ihrem Schmerz; wenn sie gestillt war, kam sie mit trockenen Augen und ruhigem Gesicht zurück, als hätte sie den Verlust des Kindes draußen gelassen.

Herrlich ist zwar ihre andere Tat: den Dolch zücken, die Brust durchbohren, die Waffe herausziehen, dem Gatten reichen – und dazu die unsterblichen, fast göttlichen Worte sprechen: «Paetus, es tut nicht weh.» Indessen, als sie dies tat und dies sagte, stand ihr der Ruhm für alle Ewigkeit vor Augen; wie viel größer ist es, ohne daß die Ewigkeit oder der

maius est sine praemio aeternitatis, sine praemio gloriae, abdere lacrimas operire luctum, amissoque filio matrem adhuc agere.

Scribonianus arma in Illyrico contra Claudium moverat; fuerat Paetus in partibus, et occiso Scriboniano Romam trahebatur. Erat ascensurus navem; Arria milites orabat, ut simul imponeretur. «Nempe enim» inquit «daturi estis consulari viro servolos aliquos, quorum e manu cibum capiat, a quibus vestiatur, a quibus calcietur; omnia sola praestabo.» Non impetravit: conduxit piscatoriam nauculam, ingensque navigium minimo secuta est.

Eadem apud Claudium uxori Scriboniani, cum illa profiteretur indicium, «Ego» inquit «te audiam, cuius in gremio Scribonianus occisus est, et vivis?»

Ex quo manifestum est ei consilium pulcherrimae mortis non subitum fuisse. Quin etiam, cum Thrasea gener eius deprecaretur, ne mori pergeret, interque alia dixisset: «Vis ergo filiam tuam, si mihi pereundum fuerit, mori mecum?», respondit: «Si tam diu tantaque concordia vixerit tecum quam ego cum Paeto, volo.» Auxerat hoc responso curam suorum; attentius custodiebatur; sensit et «Nihil agitis» inquit; «potestis enim efficere ut male moriar, ut non moriar non potestis.» Dum haec dicit, exsiluit cathedra adversoque parieti caput ingenti impetu impegit et corruit. Focilata «Dixeram» inquit «vobis inventuram me quamlibet duram ad mortem viam, si vos facilem negassetis.»

Videnturne haec tibi maiora illo «Paete, non dolet», ad quod per haec perventum est? cum interim illud quidem ingens fama,

Ruhm als Preis winkt, die Tränen zu verbergen, die Trauer zu verdecken und nach dem Verlust des Sohnes noch als Mutter aufzutreten.

Scribonianus hatte in Illyrien gegen Claudius zu den Waffen gegriffen; Paetus gehörte zu seiner Partei und wurde nach dem Tod des Scribonianus nach Rom geschleppt. Er war im Begriff, das Schiff zu besteigen; Arria bat die Soldaten, daß sie gleichfalls an Bord genommen werde.

«Ihr wollt doch sicher», sagte sie, «dem Konsular einige Sklaven mitgeben, aus deren Hand er sein Essen erhält, die ihn kleiden und ihm die Schuhe reichen; für alles das werde ich allein sorgen.» Sie setzte es nicht durch, mietete ein Fischerboot und folgte dem großen Schiff in dem kleinen.

Diese Frau sagte vor Claudius zur Gattin des Scribonianus, als diese sich zu einem Geständnis anschickte: «Ich soll dich anhören? In deinem Schoß ist Scribonianus ermordet worden – und du lebst noch!»

Daraus erhellt, daß ihr der Entschluß, auf so herrliche Weise zu sterben, nicht von ungefähr kam. Sogar als Thrasea, ihr Schwiegersohn, sie inständig bat, den Todesstoß nicht zu führen, und unter anderem sagte: «Du willst also, daß deine Tochter, wenn ich einmal dahingehen muß, mit mir stirbt?« – da antwortete sie: «Wenn sie mit dir auch so lange und in solcher Eintracht gelebt hat wie ich mit Paetus: ja.» Sie hatte durch diese Antwort die Sorge ihrer Angehörigen noch vermehrt, sie wurde noch aufmerksamer bewacht; sie bemerkte das und sagte: «Nichts werdet ihr erreichen; bewirken könnt ihr nur, daß ich schlecht sterbe; daß ich nicht sterbe, vermögt ihr nicht.» Indem sie dies sagte, sprang sie von ihrem Sessel auf, schlug ihren Kopf mit gewaltiger Wucht an die Wand gegenüber und brach zusammen. Wieder belebt, sagte sie: «Ich hatte euch ja gesagt, ich würde, wenn es sein muß, einen harten Weg zu sterben finden, falls ihr mir den leichten verwehrt.»

Erscheint Dir das nicht bedeutsamer als jenes Wort «Paetus, es tut nicht weh», zu dem sie über diese Vorstufen kam? Während jenes Wort längst in aller Munde ist, weiß

haec nulla circumfert. Vnde colligitur, quod initio dixi, alia esse clariora alia maiora. Vale.

III,21 C. PLINIVS CORNELIO PRISCO SVO S.

Audio Valerium Martialem decessisse et moleste fero. Erat homo ingeniosus acutus acer, et qui plurimum in scribendo et salis haberet et fellis, nec candoris minus. Prosecutus eram viatico secedentem; dederam hoc amicitiae, dederam etiam versiculis quos de me composuit. Fuit moris antiqui, eos qui vel singulorum laudes vel urbium scripserant, aut honoribus aut pecunia ornare; nostris vero temporibus ut alia speciosa et egregia, ita hoc in primis exolevit. Nam postquam desiimus facere laudanda, laudari quoque ineptum putamus.

Quaeris, qui sint versiculi quibus gratiam rettuli? Remitterem te ad ipsum volumen, nisi quosdam tenerem;

tu, si placuerint hi, ceteros in libro requires. Adloquitur Musam, mandat ut domum meam Esquilis quaerat, adeat reverenter:

Sed ne tempore non tuo disertam
pulses ebria ianuam, videto
Totos dat tetricae dies Minervae,
dum centum studet auribus virorum
hoc, quod saecula posterique possint
Arpinis quoque comparare chartis.
Seras tutior ibis ad lucernas:
haec hora est tua, cum furit Lyaeus,
86 cum regnat rosa, cum madent capilli.
87 Tunc me vel rigidi legant Catones.

davon niemand etwas. Daraus folgt, was ich eingangs gesagt habe: einiges sei ziemlich berühmt, anderes aber bedeutsamer.

An Priscus

Ich höre, Valerius Martialis ist gestorben; daran trage ich schwer. Er war ein genialer, scharfsinniger, tatkräftiger Mann, der als Autor viel Witz, viel Galle, aber nicht weniger Lauterkeit hatte. Ich hatte ihm, als er Rom verließ, Reisegeld gegeben; ich hatte es aus Freundschaft gegeben, aber auch für einige Verse, die er auf mich verfaßt hat. Es war eine alte Sitte, diejenigen, die eine Lobpreisung auf Personen oder auf Städte geschrieben hatten, durch Auszeichnungen oder Geldgeschenke zu belohnen; in unseren Zeiten ist wie andere schöne und vortreffliche Gebräuche vor allem auch dieser verschwunden. Denn seit wir nichts Lobenswertes mehr vollbringen, halten wir es auch für unangebracht, gelobt zu werden.

Du fragst, was für Verschen es sind, für die ich mich erkenntlich gezeigt habe. Ich würde Dich auf den Band selbst hinweisen, wenn ich nicht einige im Gedächtnis hätte. Du magst die übrigen, wenn Dir diese gefallen sollten, in dem Buch nachlesen. Valerius wendet sich an die Muse und bittet sie, mein Haus auf dem Esquilin aufzusuchen, respektvoll zu betreten:

Aber sieh zu, daß du nicht zur Unzeit oder trunken
an des Redners Türe pochst.
Ganze Tage weiht er der strengen Minerva,
wenn er ersinnt für die Ohren der Hundertmänner,
was Jahrhunderte und noch später Geborene
den Schriften Ciceros vergleichen können.
Sicherer wirst du beim Schein der späten Lampen gehen;
dein ist die Stunde, wenn Lyaeus schwärmt,
die Rose herrscht, das Haar von Salbe träuft:
dann werden mich sogar die strengen Catos lesen.

Meritone eum qui haec de me scripsit et tunc dimisi amicissime et nunc ut amicissimum defunctum esse doleo? Dedit enim mihi quantum maximum potuit, daturus amplius si potuisset. Tametsi quid homini potest dari maius, quam gloria et laus et aeternitas? «At non erunt aeterna quae scripsit.» non erunt fortasse, ille tamen scripsit tamquam essent futura. Vale.

IV,11 C. PLINIVS CORNELIO MINICIANO SVO S.

Audistine Valerium Licinianum in Sicilia profiteri? nondum te puto audisse: est enim recens nuntius. Praetorius hic modo inter eloquentissimos causarum actores habebatur; nunc eo decidit, ut exsul de senatore, rhetor de oratore fieret.

Itaque ipse in praefatione dixit dolenter et graviter: «Quos tibi, Fortuna, ludos facis? facis enim ex senatoribus professores, ex professoribus senatores.» Cui sententiae tantum bilis, tantum amaritudinis inest, ut mihi videatur ideo professus ut hoc diceret.

Idem cum Graeco pallio amictus intrasset (carent enim togae iure, quibus aqua et igni interdictum est), postquam se composuit circumspexitque habitum suum, «Latine» inquit «declamaturus sum.»

Dices tristia et miseranda, dignum tamen illum qui haec ipsa studia incesti scelere macularit. Confessus est quidem incestum, sed incertum utrum quia verum erat, an quia graviora metuebat si negasset. Fremebat enim Domitianus aestuabatque in ingenti invidia destitutus. Nam cum Corneliam Vestalium maximam defodere vivam

Gehört es sich nicht, den, der das für mich geschrieben hat, damals sehr freundschaftlich zu verabschieden und jetzt nach seinem Tod als einen sehr lieben Freund zu betrauern? Er hat mir gegeben, was immer er konnte, hätte mir noch mehr gegeben, wenn er gekonnt hätte. Bitte sehr: was kann einem Menschen mehr gegeben werden als Ruhm, Lob, Unsterblichkeit? «Aber es wird nicht unsterblich sein, was er geschrieben hat!» Vielleicht nicht; er hat es aber geschrieben, als werde es die Zeiten überdauern.

An Minicianus

Hast Du gehört, daß Valerius Licinianus in Sizilien Lehrer ist? Ich vermute, Du hast es noch nicht gehört; denn die Nachricht ist neu. Vor gar nicht langer Zeit noch Praetorier, wurde er den sprachmächtigsten Anwälten zugezählt. Jetzt ist er so tief gefallen, daß er vom Senator zum Verbannten, vom Redner zum Lehrer der Redekunst wurde.

Deshalb hat er in seiner Antrittsrede traurig und ernst gesagt: «Was treibst du für Kurzweil, Fortuna? Aus Senatoren machst du Schulmeister, aus Schulmeistern Senatoren.» In diesem Ausspruch ist so viel Zorn, so viel Bitterkeit, daß mir scheint, er sei zu dem Zweck Lehrer geworden, dies zu sagen.

Er hat dann, wiewohl er mit dem griechischen Mantel bekleidet eingetreten war (denn die von Hof und Herd Verbannten dürfen die Toga nicht tragen), sich zurechtgesetzt, sein Gewand gemustert und gesagt: «Ich werde lateinisch unterrichten.»

Du wirst sagen: Traurig und bedauernswert, aber dennoch angemessen für ihn, der unseren Beruf durch das Verbrechen des Inzestes befleckt hat. Er hat den Inzest zwar zugegeben, aber es ist ungewiß, ob deshalb, weil er ihn begangen hat, oder deshalb, weil er Schlimmeres befürchtete, falls er ihn abstritte. Denn Domitian schnaubte und kochte vor Wut, von argwöhnischer Befremdung umgeben. Da er Cornelia, die oberste Vestalin, lebendig zu begraben wünschte – er meinte

concupisset, ut qui inlustrari saeculum suum eiusmodi exemplis arbitraretur, pontificis maximi iure, seu potius immanitate tyranni licentia domini, reliquos pontifices non in Regiam sed in Albanam villam convocavit.

Nec minore scelere quam quod ulcisci videbatur, absentem inauditamque damnavit incesti, cum ipse fratris filiam incesto non polluisset solum verum etiam occidisset; nam vidua abortu periit.

Missi statim pontifices qui defodiendam necandamque curarent. Illa nunc ad Vestam, nunc ad ceteros deos manus tendens, multa sed hoc frequentissime clamitabat: «Me Caesar incestam putat, qua sacra faciente vicit triumphavit!» Blandiens haec an inridens, ex fiducia sui an ex contemptu principis dixerit, dubium est. Dixit donec ad supplicium, nescio an innocens, certe tamquam innocens ducta est. Quin etiam cum in illud subterraneum demitteretur, haesissetque descendenti stola, vertit se ac recollegit, cumque ei manum carnifex daret, aversata est et resiluit foedumque contactum quasi plane a casto puroque corpore novissima sanctitate reiecit omnibusque numeris pudoris πολλὴν πρόνοιαν ἔσχεν εὐσχήμων πεσεῖν.

Praeterea Celer eques Romanus, cui Cornelia obiciebatur, cum in comitio virgis caederetur, in hac voce perstiterat: «Quid feci? nihil feci.»

Ardebat ergo Domitianus et crudelitatis et iniquitatis infamia. Adripit Licinianum, quod in agris suis occultasset Corneliae libertam. Ille ab iis quibus erat curae praemonetur, si comitium et virgas pati nollet, ad

wohl, seine Regierung werde durch derartige Beispiele berühmt werden – berief er mit dem Recht des Pontifex Maximus – oder besser: mit der Rücksichtslosigkeit des Tyrannen, mit der Willkür des Herrschers – die anderen Pontifices nicht in die Regia, sondern in sein Albaner Landhaus.

Nicht weniger verbrecherisch, als daß er offenbar Rache üben wollte, war es, daß er eine Abwesende ohne Verhör wegen Inzestes verurteilte. Dabei hatte er doch selbst die Tochter seines Bruders nicht allein durch Inzest entehrt, sondern auch getötet; denn die Witwe starb an einer Abtreibung.

Sogleich wurden Priester abgeordnet, die dafür sorgen sollten, daß sie begraben, getötet werde. Sie, bald zur Vesta, bald zu den übrigen Göttern die Hände erhebend, schrie laut, vor allem immer wieder: «Der Caesar hält mich für unzüchtig, mich, durch deren Opferdienste er Siege und Triumphe feiern konnte!» Ob sie das schmeichelnd oder höhnend, aus Selbstvertrauen oder aus Verachtung für den Fürsten rief, ist zweifelhaft; sie rief es bis zur Hinrichtungsstätte, ich weiß nicht, ob wirklich unschuldig, jedenfalls als unschuldig erachtet. Als sie dann in das unterirdische Gelaß geführt wurde und ihr beim Hinabsteigen die Stola hängen blieb, wandte sie sich um und raffte sie; und als ihr der Henker die Hand bot, zuckte sie zusammen und wandte sich ab; sie wies die schmutzige Berührung – die einem doch keuschen, reinen Körper galt – in äußerster Erhabenheit zurück; mit allen Zeichen der Schamhaftigkeit «achtete sie sorgfältig darauf, mit Anstand zu stürzen».

Übrigens hatte auch Celer, ein römischer Ritter, dem man die Cornelia zur Last legte, auf dem Comitium, als er ausgepeitscht wurde, immer die Worte wiederholt: «Was habe ich getan? Nichts habe ich getan.»

Domitian war also wutentbrannt wegen seines üblen Rufes der Grausamkeit und Ungerechtigkeit. Er ließ Licinianus ergreifen, weil er auf seinen Ländereien eine Freigelassene der Cornelia verborgen habe. Licinianus wurde von seinen Aufpassern gewarnt: Wenn er nicht die Auspeitschung auf

confessionem confugeret quasi ad veniam. Fecit. Locutus est pro absente Herennius Senecio tale quiddam, quale est illud: κεῖται Πάτροκλος. Ait enim: «Ex advocato nuntius factus sum; Licinianus recessit.» Gratum hoc Domitiano adeo quidem ut gaudio proderetur, diceretque: «Absolvit nos Licinianus.» Adiecit etiam non esse verecundiae eius instandum; ipsi vero permisit, si qua posset, ex rebus suis raperet, antequam bona publicarentur, exsiliumque molle velut praemium dedit. Ex quo tamen postea clementia divi Nervae translatus est in Siciliam, ubi nunc profitetur seque de fortuna praefationibus vindicat.

Vides quam obsequenter paream tibi, qui non solum res urbanas verum etiam peregrinas tam sedulo scribo, ut altius repetam. Et sane putabam te, quia tunc afuisti, nihil aliud de Liciniano audisse quam relegatum ob incestum. Summam enim rerum nuntiat fama non ordinem. Mereor ut vicissim, quid in oppido tuo, quid in finitimis agatur (solent enim quaedam notabilia incidere) perscribas, denique quidquid voles dum modo non minus longa epistula nuntia. Ego non paginas tantum sed versus etiam syllabasque numerabo. Vale.

IV,13 C. PLINIVS CORNELIO TACITO SVO S.

Salvum in urbem venisse gaudeo; venisti autem, si quando alias, nunc maxime mihi desideratus. Ipse pauculis adhuc diebus in Tusculano commorabor, ut opusculum quod est in manibus absolvam. Vereor enim ne, si hanc intentionem iam in fine laxavero,

dem Comitium erleiden wolle, solle er seine Zuflucht zum Geständnis, sozusagen zum Gnadenappell nehmen. Das tat er. In seiner Abwesenheit sprach Herennius Senecio etwas ähnliches wie jenes «Patroklos ist gefallen». Er sagte nämlich: «Aus einem Anwalt bin ich zum Boten geworden: Licinianus hat aufgegeben.» Das kam Domitian so erwünscht, daß er sich in seiner Freude verriet und sagte: «Licinianus hat mich freigesprochen.» Er fügte hinzu, man solle nun dem Schamgefühl des Licinianus nicht mehr nahetreten; er gestattete ihm sogar, was er nur könne, aus seiner Habe an sich zu raffen, bevor seine Besitztümer eingezogen würden; auch gab er ihm ein mildes Exil wie zur Belohnung. Von dort wurde er später durch die Güte des verewigten Nerva nach Sizilien versetzt, wo er nun unterrichtet und sich in seinen einleitenden Sätzen gegen das Schicksal verwahrt.

Du siehst, wie bereitwillig ich Dir gehorche, indem ich Dir nicht nur Ereignisse in der Stadt, sondern auch auswärtige so fleißig berichte, daß ich sogar Vergangenes hervorhole. Ich meinte wirklich, Du habest, weil Du damals nicht da warst, über Licinianus nichts gehört, als daß er wegen Inzestes verbannt worden sei. Denn ein Gerücht vermeldet nur das Endergebnis, nicht den Hergang. Nun habe ich doch verdient, daß Du mir umgekehrt berichtest, was sich in Deinem Nest und den angrenzenden Gebieten ereignet – es gibt ja auch dort der Aufzeichnung werte Dinge; also: teile mir mit, was Du willst, wenn nur der Brief nicht kürzer ist als meiner! Ich werde nicht nur die Seiten, sondern auch die Zeilen und die Silben zählen.

An Tacitus

Ich freue mich, daß Du heil und gesund in der Stadt angekommen bist; Du kommst mir gerade jetzt, mehr als zuvor, sehnlich erwünscht. Ich selbst werde nur noch einige wenige Tage auf dem Tusculanum bleiben, um das kleine Werk, das mir unter den Händen ist, abzuschließen. Ich fürchte nämlich: Wenn ich dieses Vorhaben kurz vor dem

aegre resumam. Interim ne quid festinationi meae pereat, quod sum praesens petiturus, hac quasi praecursoria epistula rogo. Sed prius accipe causas rogandi, deinde ipsum quod peto.

Proxime cum in patria mea fui, venit ad me salutandum municipis mei filius praetextatus. Huic ego «Studes?» inquam. Respondit: «Etiam.» «Vbi?» «Mediolani.» «Cur non hic?» Et pater eius (erat enim una atque etiam ipse adduxerat puerum): «Quia nullos hic praeceptores habemus.» «Quare nullos? Nam vehementer intererat vestra, qui patres estis» (et opportune complures patres audiebant) «liberos vestros hic potissimum discere. Vbi enim aut iucundius morarentur quam in patria aut pudicius continerentur quam sub oculis parentum aut minore sumptu quam domi? Quantulum est ergo collata pecunia conducere praeceptores, quodque nunc in habitationes, in viatica, in ea quae peregre emuntur (omnia autem peregre emuntur) impenditis, adicere mercedibus? Atque adeo ego, qui nondum liberos habeo, paratus sum pro re publica nostra, quasi pro filia vel parente, tertiam partem eius quod conferre vobis placebit dare. Totum etiam pollicerer, nisi timerem ne hoc munus meum quandoque ambitu corrumperetur, ut accidere multis in locis video, in quibus praeceptores publice conducuntur. Huic vitio occurri uno remedio potest, si parentibus solis ius conducendi relinquatur, isdemque religio recte iudicandi necessitate collationis addatur. Nam qui fortasse de alieno neglegentes, certe de suo diligentes erunt dabuntque operam, ne a me pecuniam non nisi dignus accipiat, si accepturus et ab

Ende schleifen lasse, werde ich es nur mit Mühe wieder aufnehmen. Unterdessen, damit ich in meiner Ungeduld nichts versäume, tue ich Dir kund, worum ich Dich mündlich bitten werde, in diesem Vorboten-Brief. Vernimm, worum es geht.

Als ich jüngst in meiner Heimat war, kam, mich zu begrüßen, der Sohn eines Landsmannes, noch im Jugendgewand. Ich fragte ihn: «Studierst du?» Er antwortete: «Ja.» – «Wo?» – «In Mailand.» – «Warum nicht hier?» Und sein Vater (der war nämlich zugegen, hatte selbst den Jungen gebracht): «Weil wir hier keine Lehrer haben.» – «Warum nicht? Es muß doch für euch, die ihr Kinder habt (durch einen glücklichen Umstand hörten es mehrere Väter) von größter Wichtigkeit sein, sie möglichst hier lernen zu lassen. Denn wo könnten sie angenehmer leben als in der Heimat? Wo könnten sie anständiger leben als unter den Augen der Eltern, wo mit geringerem Aufwand als zu Hause? Ist es denn besonders schwierig, mit gesammeltem Geld Lehrer anzustellen –; und das, was ihr jetzt aufwendet für Unterkünfte, für Reisegeld und was man draußen kaufen muß (draußen muß ja alles gekauft werden), der Vergütung hinzuzufügen? Auch ich, der ich noch keine Kinder habe, bin bereit, für unser Gemeinwesen wie für eine Tochter oder Mutter den dritten Teil dessen, was ihr aufzubringen beschließen werdet, beizusteuern. Ich würde auch die ganze Summe stiften, wenn ich nicht fürchtete, diese meine Zuwendung würde sich alsbald durch Schiebungen verkrümeln, wie ich es an vielen Orten geschehen sehe, wo Lehrer öffentlich angestellt werden. Diesem Übel kann man nur auf die eine Weise begegnen, daß man allein den Eltern die Befugnis der Anstellung überläßt und daß man ihnen durch die Notwendigkeit, sich an den Kosten zu beteiligen, die Verantwortung für die richtigen Maßnahmen auferlegt. Denn wenn sie vielleicht mit fremdem Geld sorglos umgehen würden, werden sie doch auf ihr eigenes achten und sich Mühe geben, daß auch von mir nur ein Würdiger etwas bekommt; er soll ja auch von ihnen Geld erhalten. Deshalb einigt euch, tut euch zusammen und laßt euch

ipsis erit. Proinde consentite conspirate maioremque animum ex meo sumite, qui cupio esse quam plurimum, quod debeam conferre. Nihil honestius praestare liberis vestris, nihil gratius patriae potestis. Educentur hic qui hic nascuntur, statimque ab infantia natale solum amare frequentare consuescant. Atque utinam tam claros praeceptores inducatis, ut in finitimis oppidis studia hinc petantur, utque nunc liberi vestri aliena in loca ita mox alieni in hunc locum confluant!»

Haec putavi altius et quasi a fonte repetenda, quo magis scires, quam gratum mihi foret si susciperes quod iniungo. Iniungo autem et pro rei magnitudine rogo, ut ex copia studiosorum, quae ad te ex admiratione ingenii tui convenit, circumspicias praeceptores, quos sollicitare possimus, sub ea tamen condicione ne cui fidem meam obstringam. Omnia enim libera parentibus servo: illi iudicent illi eligant, ego mihi curam tantum et impendium vindico. Proinde si quis fuerit repertus, qui ingenio suo fidat, eat illuc ea lege ut hinc nihil aliud certum quam fiduciam suam ferat. Vale.

IV,14 C. PLINIVS [DECIMO] PATERNO SVO S.

Tu fortasse orationem, ut soles, et flagitas et exspectas; at ego quasi ex aliqua peregrina delicataque merce lusus meos tibi prodo. Accipies cum hac epistula hendecasyllabos nostros, quibus nos in vehiculo in balineo inter cenam oblectamus otium temporis.
96 His iocamur ludimus amamus dolemus que-
97 rimur irascimur, describimus aliquid modo

durch meinen Mut ermutigen; ich wünschte, der Betrag, den ich beisteuern soll, möge recht hoch sein. Nichts Ehrenhafteres könnt ihr für eure Kinder tun, nichts Dankenswerteres für die Heimat.

Die hier geboren sind, sollten hier erzogen werden und gleich von Kind auf sich daran gewöhnen, das Land ihrer Geburt zu lieben und in ihm zu bleiben. Holt doch so angesehene Lehrer, daß auch in Nachbarstädten der hiesige Unterricht begehrt wird; dann werden, wie jetzt eure Kinder in fremde Orte, fremde in unsere Stadt strömen.»

Dies meinte ich weitläufiger, ja von Grund auf wiedergeben zu sollen, damit Du genauer weißt, wie lieb es mir wäre, wenn Du es auf Dich nähmest, was ich Dir aufbürde, nämlich: Diesem großen Plan zuliebe bitte ich Dich, in der großen Menge der Studierenden, die sich in Bewunderung Deines Geistes um Dich scharen, nach Lehrern Ausschau zu halten, die wir dafür gewinnen können – mit der Einschränkung freilich, daß ich noch keine feste Zusage machen kann. Denn alles in allem lasse ich den Eltern die Freiheit zu entscheiden; sie sollen beurteilen und auswählen; ich beschränke mich auf die Vorarbeit und die Besoldung. Mithin, wenn jemand ausfindig gemacht ist, der seiner Fähigkeit sicher ist, so gehe er dorthin unter der Bedingung: Er bringt von hier keine andere Sicherheit mit als sein Selbstvertrauen.

An Paternus

Vielleicht forderst Du, erwartest Du, wie üblich, eine Rede; statt dessen bringe ich Dir aus einem fremdartigen und seltsamen Warenlager meine Spielereien. Du erhältst zugleich mit diesem Briefe meine elfsilbigen Verse, mit denen ich im Wagen, im Bade, beim Mahle die freie Zeit ausfülle.

Mit ihnen scherze, tändle, liebe, leide, klage, zürne ich; ich beschreibe etwas bald gedrängter, bald weitschweifi-

pressius modo elatius, atque ipsa varietate temptamus efficere, ut alia aliis quaedam fortasse omnibus placeant. Ex quibus tamen si non nulla tibi petulantiora paulo videbuntur, erit eruditionis tuae cogitare summos illos et gravissimos viros qui talia scripserunt non modo lascivia rerum, sed ne verbis quidem nudis abstinuisse; quae nos refugimus, non quia severiores (unde enim?), sed quia timidiores sumus. Scimus alioqui huius opusculi illam esse verissimam legem, quam Catullus expressit:

Nam castum esse decet pium poetam
ipsum, versiculos nihil necesse est,
qui tunc denique habent salem et leporem
si sunt molliculi et parum pudici.

Ego quanti faciam iudicium tuum, vel ex hoc potes aestimare, quod malui omnia a te pensitari quam electa laudari. Et sane quae sunt commodissima desinunt videri, cum paria esse coeperunt. Praeterea sapiens subtilisque lector debet non diversis conferre diversa, sed singula expendere, nec deterius alio putare quod est in suo genere perfectum.

Sed quid ego plura? Nam longa praefatione vel excusare vel commendare ineptias ineptissimum est. Vnum illud praedicendum videtur, cogitare me has meas nugas ita inscribere «hendecasyllabi», qui titulus sola metri lege constringitur. Proinde, sive epigrammata sive idyllia sive eclogas sive, ut multi, poematia seu quod aliud vocare malueris, licebit voces; ego tantum hendecasyllabos praesto. A simplicitate tua peto, quod de libello meo dicturus es alii, mihi dicas; neque est difficile quod postulo. Nam

ger, und versuche durch diese Vielfalt zu erreichen, daß manches den einen, manches den anderen und einiges vielleicht allen gefällt. Wenn Dir daraus dies oder das zu anzüglich erscheint, sollte Deine Bildung Dich bedenken lassen, daß die großen, bedeutenden Männer, die dergleichen geschrieben haben, weder mit verfänglichen Gegenständen noch mit nackten Worten sparten.

Vor denen habe ich mich gescheut, nicht weil ich sittenstrenger (weshalb auch?), sondern weil ich ängstlicher bin. Überhaupt wissen wir, daß für so ein Werkchen die Regel genau zutrifft, die Catull ausgesprochen hat:

Keusch zu sein geziemt dem frommen Poeten
selber, doch seinen Versen tut es nicht not.
Die bekommen erst Witz und Gefälligkeit,
wenn sie zärtlich sind und weniger sittsam.

Wie viel ich von Deinem Urteil halte, kannst Du schon daraus entnehmen, daß es mir lieber war, das gesamte Werk werde von Dir geprüft, als daß ausgewählte Stücke von Dir gelobt werden. Denn wirklich: Die eingängigsten Stücke hören auf, Beachtung zu finden, wenn sie allmählich alle gleich werden. Übrigens sollte ein kluger, einfühlsamer Leser nicht Verschiedenartiges vergleichen, sondern das Einzelne abwägen und nicht für geringer achten als anderes, während es doch auf seine Weise vollkommen ist.

Aber was rede ich noch viel? Durch eine lange Einleitung Albernheiten zu rechtfertigen oder zu empfehlen, ist das Alleralbernste. Nur das eine muß ich vorausschicken: daß ich daran denke, diesen meinen Possen die Überschrift «Elfsilber» zu geben – einen Titel, der allein auf das metrische Maß bezogen ist. Wenn Du sie lieber Epigramme oder Idyllen oder Eklogen oder wie viele bloß Gedichtchen oder sonstwie nennen willst, kannst Du sie so nennen; ich gebe sie bloß als Elfsilber aus. Von Deiner Aufrichtigkeit erhoffe ich mir, daß Du mir sagst, was Du einem anderen über mein Büchlein sagen wirst; und es ist nicht schwer, was ich erbitte. Denn wenn dieses Werkchen mein gewichtigstes oder

si hoc opusculum nostrum aut potissimum esset aut solum, fortasse posset durum videri dicere: «Quaere quod agas»; molle et humanum est: «Habes quod agas.» Vale.

IV,22 C. PLINIVS SEMPRONIO RVFO SVO S.

Interfui principis optimi cognitioni in consilium adsumptus. Gymnicus agon apud Viennenses ex cuiusdam testamento celebratur. Hunc Trebonius Rufinus, vir egregius nobisque amicus, in duumviratu tollendum abolendumque curavit. Negabatur ex auctoritate publica fecisse. Egit ipse causam non minus feliciter quam diserte. Commendabat actionem, quod tamquam homo Romanus et bonus civis in negotio suo mature et graviter loquebatur. Cum sententiae perrogarentur, dixit Iunius Mauricus, quo viro nihil firmius nihil verius, non esse restituendum Viennensibus agona; adiecit «Vellem etiam Romae tolli posset.»

Constanter, inquis, et fortiter; quidni? sed hoc a Maurico novum non est. Idem apud imperatorem Nervam non minus fortiter. Cenabat Nerva cum paucis; Veiento proximus atque etiam in sinu recumbebat: dixi omnia cum hominem nominavi. Incidit sermo de Catullo Messalino, qui luminibus orbatus ingenio saevo mala caecitatis addiderat: non verebatur, non erubescebat, non miserebatur; quo saepius a Domitiano non secus ac tela, quae et ipsa caeca et improvida feruntur, in optimum quemque contorquebatur. De huius nequitia sanguinariisque sententiis in commune omnes super cenam loquebantur, cum ipse imperator: «Quid

mein einziges wäre, könnte es vielleicht hart sein zu sagen: «Such dir doch was Richtiges zu tun»; mild und menschlich ist dagegen die Aussage: «Du hast doch sonst genug zu tun».

An Rufus

Ich war zugegen bei einer Verhandlung, von unserem edlen Fürsten zur Beratung herangezogen. Bei den Viennensen gibt es ein Sportfest aufgrund irgendeines Testamentes. Die Abschaffung und Einstellung dieses Festes hat Trebonius Rufinus, ein vortrefflicher Mann und Freund von mir, als Bürgermeister veranlaßt. Es hieß, er habe es ohne amtliche Befugnis getan. Er vertrat selber seine Sache, ebenso glücklich wie gewandt. Es kam seiner Verhandlungsführung zugute, daß er wie ein wahrer Römer und guter Bürger in seiner eigenen Angelegenheit besonnen und würdig sprach. Als die Stellungnahmen abgefragt wurden, sagte Iunius Mauricus, ein Mann höchster Festigkeit und Aufrichtigkeit, die Viennenser sollten das Sportfest nicht wieder aufnehmen, und fügte hinzu: «Ich wollte, man könnte es auch in Rom abschaffen.»

«Wacker», sagst Du, «und mutig!» Warum nicht? Aber das ist bei Mauricus nichts Neues. Beim Kaiser Nerva hat er sich nicht weniger mutig gezeigt. Nerva speiste einmal im kleinen Kreis. Veiento lagerte in seiner Nähe, sogar dicht bei ihm. Wenn ich diesen Namen nenne, ist genug gesagt. Das Gespräch kam auf Catullus Messalinus, der, seit er des Augenlichtes beraubt war, seinem grimmigen Wesen noch das Übel der Blindheit hinzugefügt hatte: er kannte keine Scheu, keine Scham, kein Mitleid;

darum wurde er von Domitian oft wie ein Geschoß, das blind und ohne eigene Absicht dahinsaust, gegen jeden braven Mann losgelassen. Über dessen Nichtswürdigkeit und blutrünstige Ratschläge sprachen wir alle in diesem Kreise während des Mahles; da sagte der Kaiser: «Was wäre wohl mit ihm geschehen,

putamus passurum fuisse si viveret?» Et Mauricus: «Nobiscum cenaret.»

Longius abii, libens tamen. Placuit agona tolli, qui mores Viennensium infecerat, ut noster hic omnium. Nam Viennensium vitia intra ipsos residunt, nostra late vagantur, utque in corporibus sic in imperio gravissimus est morbus, qui a capite diffunditur. Vale.

IV,24 C. PLINIVS FABIO VALENTI SVO S.

Proxime cum apud centumviros in quadruplici iudicio dixissem, subiit recordatio egisse me iuvenem aeque in quadruplici. Processit animus ut solet longius: coepi reputare quos in hoc iudicio, quos in illo socios laboris habuissem. Solus eram qui in utroque dixissem: tantas conversiones aut fragilitas mortalitatis aut fortunae mobilitas facit.

Quidam ex iis qui tunc egerant decesserunt, exsulant alii; huic aetas et valetudo silentium suasit, hic sponte beatissimo otio fruitur; alius exercitum regit, illum civilibus officiis principis amicitia exemit. Circa nos ipsos quam multa mutata sunt! Studiis processimus, studiis periclitati sumus, rursusque processimus: profuerunt nobis bonorum amicitiae, bonorum obfuerunt iterumque prosunt.

Si computes annos, exiguum tempus, si vices rerum, aevum putes; quod potest esse documento nihil desperare, nulli rei fidere, cum videamus tot varietates tam volubili orbe circumagi.

wenn er noch lebte?» Darauf Mauricus: «Er würde mit uns essen.»

Ich bin abgeschweift, aber gern. Es ist beschlossen worden: Das Sportfest wird abgeschafft; es hatte die Sitten der Viennenser verdorben wie unseres hier – alle verdirbt. Denn die Unmoral der Viennenser bleibt auf sie selbst beschränkt, unsere breitet sich weit aus; wie in den Körpern, so auch im ganzen Imperium ist die Krankheit am schwersten, die vom Kopf aus gestreut wird.

An Valens

Jüngst, als ich bei den Centumvirn von den Vier Kammern gesprochen habe, kam mir die Erinnerung, daß ich als junger Mann in gleicher Weise vor den Vier Kammern aufgetreten bin. Mein Sinnen ging, wie üblich, weiter: Ich fing an nachzudenken, welche Arbeitspartner ich in diesem und welche ich in dem damaligen Prozeß gehabt habe. Ich war der einzige, der in beiden gesprochen hat: solche Veränderungen bewirkt entweder die Zerbrechlichkeit des Menschenlebens oder der Wankelmut des Schicksals.

Einige von denen, die damals auftraten, sind gestorben, andere leben in der Verbannung, dem einen legt das Alter oder ein Gebrechen nahe, zu schweigen, ein anderer genießt gern das glücklichste Nichtstun, dieser ist Befehlshaber eines Heeres, jenen hat die Verbundenheit mit dem Fürsten seiner bürgerlichen Pflichten enthoben. Und wie vieles hat sich bei mir selbst verändert! Durch meine Arbeit habe ich Erfolg gehabt, durch meine Arbeit bin ich in Gefahren geraten und wiederum zu Erfolg gelangt; nützlich war mir die Freundschaft trefflicher Männer – dann war sie mir schädlich – und jetzt ist sie mir wiederum nützlich. Wenn man die Jahre zählt, sieht man eine kurze Zeit, wenn man den Wechsel der Geschehnisse betrachtet, eine Ewigkeit. Das kann uns eine Lehre sein nicht zu verzweifeln, sich auf nichts zu verlassen, da wir so viel Buntheit in einer ungestalten Bahn uns umkreisen sehen.

Mihi autem familiare est omnes cogitationes meas tecum communicare, isdemque te vel praeceptis vel exemplis monere, quibus ipse me moneo; quae ratio huius epistulae fuit. Vale.

IV,30 C. PLINIVS LICINIO SVRAE SVO S.

Attuli tibi ex patria mea pro munusculo quaestionem altissima ista eruditione dignissimam.

Fons oritur in monte, per saxa decurrit, excipitur cenatiuncula manu facta; ibi paulum retentus in Larium lacum decidit. Huius mira natura: ter in die statis auctibus ac diminutionibus crescit decrescitque. Cernitur id palam et cum summa voluptate deprenditur. Iuxta recumbis et vesceris, atque etiam ex ipso fonte (nam est frigidissimus) potas; interim ille certis dimensisque momentis vel subtrahitur vel adsurgit. Anulum seu quid aliud ponis in sicco, adluitur sensim ac novissime operitur, detegitur rursus paulatimque deseritur. Si diutius observes, utrumque iterum ac tertio videas.

Spiritusne aliquis occultior os fontis et fauces modo laxat modo includit, prout inlatus occurrit aut decessit expulsus? quod in ampullis ceterisque generis eiusdem videmus accidere, quibus non hians nec statim patens exitus. Nam illa quoque, quamquam prona atque vergentia, per quasdam obluctantis animae moras crebris quasi singultibus sistunt quod effundunt. An, quae oceano natura, fonti quoque, quaque ille ratione aut impellitur aut resorbetur, hac

Es ist mir ein Bedürfnis, alle meine Überlegungen mit Dir auszutauschen und Dir mit Rat und Beispielen Lehren zu geben, die eigentlich mir selbst gelten; was auch der Zweck dieses Briefes war.

An Sura

Aus meiner Heimat habe ich Dir anstelle eines Geschenkes ein Thema mitgebracht, das Deiner großen Gelehrsamkeit so richtig würdig ist.

Eine Quelle entspringt auf dem Berge, eilt durch die Felsen hinab, wird in einem Eßzimmerchen, das Menschen gemacht haben, aufgefangen; von dort, kurz gestaut, fällt sie hinunter in den Larius. Diese Quelle hat eine wunderbare Eigenschaft: dreimal am Tage schwillt sie an und schwillt sie ab – in ständiger Vermehrung und Verminderung. Man nimmt es deutlich wahr und läßt sich davon mit größtem Vergnügen fesseln. Man setzt sich daneben hin, verzehrt etwas und trinkt auch, aus der Quelle selbst (denn sie ist eiskalt). Inzwischen fällt oder steigt sie zu bestimmten, feststehenden Zeiten. Legt man einen Ring oder dergleichen an eine trokkene Stelle, wird er allmählich benetzt und schließlich überspült, taucht wieder auf und wird langsam wieder trocken. Wenn man es länger beobachtet, kann man beide Vorgänge zweimal und dreimal sehen.

Macht hier wohl irgendein verborgener Lufthauch den Mund und Rachen der Quelle bald weiter, bald enger, so daß er beim Einatmen einen Widerstand bietet und beim Ausatmen Platz macht? Das beobachten wir auch bei Salbenfläschchen und ähnlichen Gefäßen, deren Hals eng und deren Mündung nicht weit ist. Denn auch sie halten, wenn man sie schräg nach unten hält, durch gewisse Aufenthalte der zögernden Luft in einer Art Schluck-Rhythmus das zurück, was ausfließen soll. Oder verhält es sich wie beim Meer auch bei der Quelle, nämlich: daß aus demselben Grunde, aus dem das Meer heran- und wieder forttreibt,

modicus hic umor vicibus alternis supprimitur egeritur? An ut flumina, quae in mare deferuntur, adversantibus ventis obvioque aestu retorquentur, ita est aliquid quod huius fontis excursum repercutiat? An latentibus venis certa mensura, quae dum colligit quod exhauserat, minor rivus et pigrior; cum collegit, agilior maiorque profertur? An nescio quod libramentum abditum et caecum, quod cum exinanitum est, suscitat et elicit fontem; cum repletum, moratur et strangulat?

Scrutare tu causas (potes enim), quae tantum miraculum efficiunt: mihi abunde est, si satis expressi quod efficitur. Vale.

V,5 C. PLINIVS NOVIO MAXIMO SVO S.

Nuntiatum mihi C. Fannium decessisse; qui nuntius me gravi dolore confudit, primum quod amavi hominem elegantem disertum, deinde quod iudicio eius uti solebam. Erat enim acutus natura, usu exercitatus, veritate promptissimus. Angit me super ista casus ipsius: decessit veteri testamento, omisit quos maxime diligebat, prosecutus est quibus offensior erat. Sed hoc utcumque tolerabile; gravius illud, quod pulcherrimum opus imperfectum reliquit. Quamvis enim agendis causis distringeretur, scribebat tamen exitus occisorum aut relegatorum a Nerone et iam tres libros absolverat subtiles et diligentes et Latinos atque inter sermonem historiamque medios, ac tanto magis reliquos perficere cupiebat, quanto frequen-
106 tius hi lectitabantur.

107 Mihi autem videtur acerba semper et im-

auch dieses bescheidene Gewässer im Wechsel fällt und steigt? Oder – wie die Flüsse, die ins Meer fließen, durch Gegenwinde und auflaufende Flut zurückgedrängt werden – gibt es etwas, das dem Abfluß dieser Quelle entgegendrückt? Oder haben die unterirdischen Wasseradern ein bestimmtes Maß, und während sich ergänzt, was abgeflossen ist, ist das Rinnsal kleiner und träger – und wenn es sich ergänzt hat, strömt es lebhafter und größer?

Oder gibt es eine Art verborgenes, unsichtbares Hebewerk, das, wenn es entleert ist, die Quelle emportreibt, freigibt, wenn es aber gefüllt ist, sie hemmt und drosselt?

Erforsche Du die Ursachen (Du kannst das nämlich), die ein solches Wunder bewirken; mir ist es genug, wenn ich Dir die Erscheinung ausreichend geschildert habe.

An Maximus

Man hat mir mitgeteilt, C. Fannius sei gestorben. Diese Nachricht hat mich mit großem Schmerz erfüllt, vor allem, weil ich diesen gebildeten, redemächtigen Mann geliebt habe, dann aber auch, weil ich oft von ihm einen Rat erhalten habe. Denn er hatte Mutterwitz und einen geschulten Verstand und war unbedingt aufrichtig. Zudem bekümmert mich im Zusammenhang mit ihm ein Mißgeschick: Er ist gestorben und hinterließ ein altes Testament; darin hatte er die vergessen, die er am liebsten hatte, und die bedacht, die er nicht mehr mochte. Das mag noch zu verschmerzen sein; schwerer wiegt, daß er ein sehr schönes Werk unvollendet hinterlassen hat. Obwohl er nämlich durch Prozesse sehr belastet war, schrieb er doch über das Ende der von Nero Umgebrachten oder Verbannten; drei Bücher hatte er bereits abgeschlossen, gründliche, ausführliche und richtig lateinische; sie halten die Mitte zwischen Erzählton und Chronik: er wollte um so dringender die restlichen fertig stellen, je eifriger diese gelesen wurden.

Bitter und unzeitig erscheint mir der Tod derer, die an

matura mors eorum, qui immortale aliquid parant. Nam qui voluptatibus dediti quasi in diem vivunt, vivendi causas cotidie finiunt; qui vero posteros cogitant, et memoriam sui operibus extendunt, his nulla mors non repentina est, ut quae semper incohatum aliquid abrumpat.

Gaius quidem Fannius, quod accidit, multo ante praesensit. Visus est sibi per nocturnam quietem iacere in lectulo suo compositus in habitum studentis, habere ante se scrinium (ita solebat); mox imaginatus est venisse Neronem, in toro resedisse, prompsisse primum librum quem de sceleribus eius ediderat, eumque ad extremum revolvisse; idem in secundo ac tertio fecisse, tunc abisse. Expavit et sic interpretatus est, tamquam idem sibi futurus esset scribendi finis, qui fuisset illi legendi: et fuit idem.

Quod me recordantem miseratio subit, quantum vigiliarum quantum laboris exhauserit frustra. Occursant animo mea mortalitas mea scripta. Nec dubito te quoque eadem cogitatione terreri, pro istis quae inter manus habes. Proinde, dum suppetit vita, enitamur ut mors quam paucissima quae abolere possit inveniat. Vale.

V,8 C. PLINIVS TITINIO CAPITONI SVO S.

Suades ut historiam scribam, et suades non solus: multi hoc me saepe monuerunt et ego volo, non quia commode facturum esse confidam (id enim temere credas nisi expertus), sed quia mihi pulchrum in primis
108 videtur non pati occidere, quibus aeternitas
109 debeatur, aliorumque famam cum sua

etwas Unvergänglichem arbeiten. Denn wer seinen Gelüsten ausgeliefert in den Tag hinein lebt, der erfüllt täglich den Zweck seines Lebens.

Wer aber an die Nachwelt denkt und sein Andenken durch sein Werk erhalten will, für den tritt jeder Tod zur Unzeit ein, weil er immer etwas Begonnenes abbricht.

Dieser C. Fannius hat lange voraus geahnt, was jetzt eingetroffen ist. Er sah sich zu nächtlicher Ruhe auf sein Lager gebettet liegen, in der Haltung eines Lesers und Denkers, vor sich die Bücherschatulle; so war er es gewohnt. Da hatte er die Vorstellung, Nero sei gekommen, setze sich auf sein Lager, greife das erste Buch, das über seine Verbrechen erschienen war, wälze es ganz durch, mache es ebenso mit dem zweiten und dritten und verschwinde wieder.

Fannius erschrak und legte das Traumbild so aus: An der gleichen Stelle werde sein Schreiben ein Ende haben, wo Nero aufgehört habe zu lesen. Und so geschah es.

Wenn ich das bedenke, überfällt mich große Kümmernis, wie viele Nachtwachen, wie viel Arbeit er vergebens aufgewendet hat. Es fallen mir ein meine eigene Vergänglichkeit und meine Schriften, und ich zweifle nicht, daß auch Du bei dieser Überlegung erschrickst angesichts dessen, was Du unter den Händen hast. Darum: Solange das Leben reicht, wollen wir fleißig sein, damit der Tod so wenig wie möglich findet, was er vernichten kann.

An Capito

Du rätst mir, ich solle Geschichte schreiben, und Du bist nicht der Einzige. Viele haben mich schon so oft gemahnt, und ich will es auch; nicht weil ich meinte, ich könne es leicht machen (das wäre leichtsinnig, wenn man keine Erfahrung hat), sondern, weil ich es besonders wichtig finde, nicht zuzulassen, daß die unter den Tisch fallen, die Unsterblichkeit verdienen, und weil ich es zugleich schön finde,

extendere. Me autem nihil aeque ac diuturnitatis amor et cupido sollicitat, res homine dignissima, eo praesertim qui nullius sibi conscius culpae posteritatis memoriam non reformidet.

Itaque diebus ac noctibus cogito, si «qua me quoque possim tollere humo»; id enim voto meo sufficit, illud supra votum «victorque virum volitare per ora»; «quamquam o –»: sed hoc satis est, quod prope sola historia polliceri videtur. Orationi enim et carmini parva gratia, nisi eloquentia est summa: historia quoquo modo scripta delectat. Sunt enim homines natura curiosi, et quamlibet nuda rerum cognitione capiuntur, ut qui sermunculis etiam fabellisque ducantur.

Me vero ad hoc studium impellit domesticum quoque exemplum. Avunculus meus idemque per adoptionem pater historias et quidem religiosissime scripsit. Invenio autem apud sapientes honestissimum esse maiorum vestigia sequi, si modo recto itinere praecesserint. Cur ergo cunctor? Egi magnas et graves causas. Has, etiamsi mihi tenuis ex iis spes, destino retractare, ne tantus ille labor meus, nisi hoc quod reliquum est studii addidero, mecum pariter intercidat. Nam si rationem posteritatis habeas, quidquid non est peractum, pro non incohato est.

Dices: «Potes simul et rescribere actiones et componere historiam.» Vtinam! sed utrumque tam magnum est, ut abunde sit alterum efficere.

Vnodevicensimo aetatis anno dicere in
110 foro coepi, et nunc demum quid praestare
111 debeat orator, adhuc tamen per caliginem

den fremden Ruhm zusammen mit dem eigenen zu mehren. Denn mich bewegt nichts so sehr wie das Verlangen und Streben nach Fortdauer; das ist ein recht eigentlich menschliches Bedürfnis, besonders bei jemandem, der, keiner Schuld sich bewußt, die Erinnerung der Nachwelt nicht zu scheuen braucht.

So denke ich Tag und Nacht darüber nach, «wie auch ich mich erheben könnte aus dem Staube»; das wäre mir genug; noch mehr wäre es, «als Sieger durch die Sagen der Männer zu schweben» – «O wie gern!» Aber schon das erste ist genug, und das verheißt einem fast als einziges die Schriftstellerei. Eine Rede und ein Gedicht ernten wenig Dank, wenn sie nicht äußerst kunstvoll verfaßt sind. Ein erzählender Text erfreut, wie auch immer er geschrieben ist. Die Menschen sind nämlich von Natur wißbegierig und werden durch jede noch so nackte Mitteilung von Geschehnissen gepackt; sogar durch Klatsch und Geschichtchen werden sie gefesselt.

Mich treibt jedoch zu dieser Betätigung auch das Beispiel in der Familie. Mein Oheim, durch Adoption auch mein Vater, hat Geschichte geschrieben, und zwar sehr ernsthaft. Bei den Philosophen finde ich die Meinung, es sei aller Ehren wert, den Spuren der Alten nachzugehen, sofern sie auf dem rechten Wege vorangegangen sind.

Warum zögere ich also? Ich habe in großen und wichtigen Prozessen Reden gehalten. Diese will ich nun, wennschon ich nur eine bescheidene Erwartung dabei habe, neu fassen, damit nicht meine ganze Mühe mit mir untergeht, weil ich die Arbeit, die noch nötig ist, nicht drangewandt habe. Denn wenn man sich das Urteil der Nachwelt vorstellt: Nicht vollendet ist so viel wie nicht begonnen.

Du wirst sagen: «Du kannst doch gleichzeitig deine Reden neu fassen und Geschichte schreiben.» Schön wär's! Aber beides ist so umfangreich, daß es genügt, nur eines zu machen.

Im neunzehnten Jahr meines Lebens habe ich begonnen, auf dem Forum aufzutreten, und jetzt erst sehe ich – und immer noch wie im Nebel –, was ein Redner leisten müßte.

video. Quid si huic oneri novum accesserit? Habet quidem oratio et historia multa communia, sed plura diversa in his ipsis, quae communia videntur. Narrat illa narrat haec, sed aliter: huic pleraque humilia et sordida et ex medio petita, illi omnia recondita splendida excelsa conveniunt; hanc saepius ossa musculi nervi, illam tori quidam et quasi iubae decent; haec vel maxime vi amaritudine instantia, illa tractu et suavitate atque etiam dulcedine placet; postremo alia verba alius sonus alia constructio. Nam plurimum refert, ut Thucydides ait, κτῆμα sit an ἀγώνισμα; quorum alterum oratio, alterum historia est.

His ex causis non adducor ut duo dissimilia et hoc ipso diversa, quo maxima, confundam misceamque, ne tanta quasi colluvione turbatus ibi faciam quod hic debeo;

ideoque interim veniam, ut ne a meis verbis recedam, advocandi peto.

Tu tamen iam nunc cogita quae potissimum tempora adgrediar. Vetera et scripta aliis? Parata inquisitio, sed onerosa collatio. Intacta et nova? Graves offensae levis gratia. Nam praeter id, quod in tantis vitiis hominum plura culpanda sunt quam laudanda, tum si laudaveris parcus, si culpaveris nimius fuisse dicaris, quamvis illud plenissime, hoc restrictissime feceris. Sed haec me non retardant; est enim mihi pro fide satis animi: illud peto praesternas ad quod hortaris, eligasque materiam, ne mihi iam scribere parato alia rursus cunctationis et morae iusta ratio nascatur. Vale.

Was nun, wenn zu dieser Belastung noch eine käme! Redekunst und Schriftstellerei haben sicher viel Gemeinsames, aber noch mehr Unterschiede gerade in dem, was scheinbar gemeinsam ist. Die Geschichte erzählt, die Rede erzählt auch, aber anders: Der Rede kommt alles zu, was niedrig und gewöhnlich und mitten aus dem Leben gegriffen ist, dem Geschichtswerk aber alles Seltene, Glänzende und Erhabene. Zur Rede gehören Knochen, Muskeln, Nerven, zur Geschichte aber sozusagen Nackenwulst und Mähne. Die Rede gefällt am meisten durch Kraft, Schärfe, Nachdruck, die Geschichte durch Zügigkeit, Glattheit, ja sogar Gefälligkeit. Schließlich sind die Worte, der Ton und der Satzbau ganz verschieden. Denn es macht viel aus, ob etwas, wie Thukydides sagt, «ein dauernder Schatz» ist oder ein glitzernder Siegespreis; letzteres ist die Rede, ersteres die Geschichte.

Aus diesen Gründen kann ich mich nicht verleiten lassen, zwei unterschiedliche und gerade wegen ihrer Bedeutung gegensätzliche Arbeiten zu vermengen und zu vermischen, damit ich nicht, durch solchen Mischmasch verwirrt, auf dem einen Gebiet tue, was ich auf dem anderen tun sollte. Somit erbitte ich (um nun nicht von der forensischen Ausdrucksweise abzuweichen) eine Bedenkzeit.

Du aber überlege schon einmal, welche Zeiten ich am besten in Angriff nehmen könnte. Alte, schon von anderen behandelte? Da ist die Nachforschung abgeschlossen, aber die Zusammenstellung mühsam. Noch nicht Behandeltes, Neues? Viel Geschrei, wenig Dank. Denn abgesehen davon, daß bei so vielen menschlichen Lastern mehr zu tadeln als zu loben ist, wird es so sein: wenn man gelobt hat, wird es zu wenig, wenn man getadelt hat, zu viel gewesen sein, selbst wenn man das eine sehr freigiebig, das andere sehr zurückhaltend getan hat. Aber das kann mich nicht abhalten (denn weil ich redlich bin, bin ich mutig). Bitte ebne mir den Weg dorthin, wozu Du mir rätst, und wähle das Thema, damit es keinen Grund für mich gibt, schon wieder zu zögern, zu warten, nachdem ich eben bereit war zu schreiben.

V,19 C. PLINIVS VALERIO PAVLINO SVO S.

Video quam molliter tuos habeas; quo simplicius tibi confitebor, qua indulgentia meos tractem. Est mihi semper in animo et Homericum illud πατὴρ δ' ὣς ἤπιος ἦεν et hoc nostrum «pater familiae». Quod si essem natura asperior et durior, frangeret me tamen infirmitas liberti mei Zosimi, cui tanto maior humanitas exhibenda est, quanto nunc illa magis eget. Homo probus officiosus litteratus; et ars quidem eius et quasi inscriptio comoedus, in qua plurimum facit. Nam pronunciat acriter sapienter apte decenter etiam; utitur et cithara perite, ultra quam comoedo necesse est. Idem tam commode orationes et historias et carmina legit, ut hoc solum didicisse videatur.

Haec tibi sedulo exposui, quo magis scires, quam multa unus mihi et quam iucunda ministeria praestaret. Accedit longa iam caritas hominis, quam ipsa pericula auxerunt. Est enim ita natura comparatum, ut nihil aeque amorem incitet et accendat quam carendi metus; quem ego pro hoc non semel patior. Nam ante aliquot annos, dum intente instanterque pronuntiat, sanguinem reiecit atque ob hoc in Aegyptum missus a me post longam peregrinationem confirmatus redit nuper; deinde dum per continuos dies nimis imperat voci, veteris infirmitatis tussicula admonitus rursus sanguinem reddidit.

Qua ex causa destinavi eum mittere in praedia tua, quae Foro Iulii possides. Audivi enim te saepe referentem esse ibi et aera
114 salubrem et lac eiusmodi curationibus ac-
115 commodatissimum. Rogo ergo scribas tuis,

An Paulinus

Ich sehe, wie milde Du Deine Leute hältst – um so leichter kann ich Dir anvertrauen, mit welcher Nachsicht ich meine behandle. Mir ist immer im Sinn sowohl das homerische «er war gütig wie ein Vater» wie auch unser Ausdruck «Familienoberhaupt». Auch wenn ich strenger und härter beschaffen wäre, würde mich die Krankheit meines Freigelassenen Zosimus bewegen, dem man gerade besondere Fürsorge zuwenden muß, da er sie gerade besonders nötig hat.

Ein rechtschaffener, diensteifriger, gebildeter Mann; sein erlernter Beruf, sozusagen sein Titel ist: Schauspieler; darin leistet er Vorzügliches. Denn er trägt laut, verständig, treffend vor, auch mit Geschmack; und er spielt gekonnt Zither, mehr als ein Schauspieler eigentlich braucht. Auch Reden, Erzählungen und Gedichte liest er so gefällig, daß man meint, er habe gerade dies gelernt.

Ich habe Dir das so eingehend dargelegt, damit Du besser weißt, wie viele und wie angenehme Dienste mir gerade dieser Mann leistet. Hinzu kommt eine lange persönliche Zuneigung, die durch seine Gefährdung noch vermehrt worden ist; es ist ja von der Natur so eingerichtet, daß nichts die Liebe so erregt und entflammt wie die Furcht, zu verlieren; ich erleide sie bei ihm nicht zum ersten Mal.

Denn vor einigen Jahren, als er einmal angestrengt hintereinander vortrug, spie er Blut; er wurde deshalb von mir nach Ägypten geschickt; vor kurzem kam er nach langem Aufenthalt gekräftigt zurück. Dann aber, als er an mehreren aufeinander folgenden Tagen seine Stimme zu viel beanspruchte, brachte sich in einem Hustenanfall das alte Leiden in Erinnerung; er spie abermals Blut.

Aus diesem Grunde habe ich vor, ihn auf Dein Landgut zu schicken, das Du bei Forum Iulii besitzt. Denn ich habe Dich oft sagen hören, die Luft sei dort gesund, und die Milch sei für Behandlungen dieser Art besonders geeignet! Bitte schreib also an Deine Leute, daß ihm Haus und Hof zugänglich sein

ut illi villa, ut domus pateat, offerant etiam sumptibus eius, si quid opus erit. Erit autem opus modico; est enim tam parcus et continens, ut non solum delicias verum etiam necessitates valetudinis frugalitate restringat. Ego proficiscenti tantum viatici dabo, quantum sufficiat eunti in tua. Vale.

VI,4 C. PLINIVS CALPVRNIAE SVAE S.

Numquam sum magis de occupationibus meis questus, quae me non sunt passae aut proficiscentem te valetudinis causa in Campaniam prosequi aut profectam e vestigio subsequi. Nunc enim praecipue simul esse cupiebam, ut oculis meis crederem quid viribus quid corpusculo adparares, ecquid denique secessus voluptates regionisque abundantiam inoffensa transmitteres.

Equidem etiam fortem te non sine cura desiderarem; est enim suspensum et anxium de eo quem ardentissime diligas interdum nihil scire. Nunc vero me cum absentiae tum infirmitatis tuae ratio incerta et varia sollicitudine exterret. Vereor omnia, imaginor omnia, quaeque natura metuentium est, ea maxime mihi quae maxime abominor fingo. Quo impensius rogo, ut timori meo cottidie singulis vel etiam binis epistulis consulas. Ero enim securior dum lego, statimque timebo cum legero. Vale.

VI,7 C. PLINIVS CALPVRNIAE SVAE S.

116 Scribis te absentia mea non mediocriter ad-
117 fici unumque habere solacium, quod pro me

möchte, und sie möchten ihm geben, was er für seinen Unterhalt braucht; er wird nur wenig brauchen. Er ist nämlich so bescheiden und enthaltsam, daß er nicht nur Leckereien, sondern auch die eigentlich notwendigen Nahrungsmittel in seiner strengen einfachen Art einschränkt. Ich werde dem Scheidenden so viel Reisegeld geben, daß es reicht, zu Deinem Landgut zu kommen.

An Calpurnia

Nie habe ich mich mehr über meine Berufspflichten beklagt als nun, da sie mir nicht erlaubten, gleich mit Dir zu kommen, als Du wegen Deines Befindens nach Campanien reistest, noch, Dir nach Deiner Abreise auf dem Fuße zu folgen. Denn ich wäre jetzt am liebsten bei Dir, um mich mit eigenen Augen zu überzeugen, was Du für Deine Kräfte, Dein Körperlein tust, und ob Du schon die Lustbarkeiten des dortigen Aufenthalts und die Üppigkeit der Gegend ohne Schaden verträgst.

Auch wenn ich Dich wohlauf wüßte, würde ich Dich nicht ohne Besorgnis entbehren; es bedeutet doch, beunruhigt und ängstlich zu sein, wenn man von dem, den man innig liebt, zeitenweise nichts weiß. Jetzt quält mich der Gedanke an Deine Abwesenheit und Anfälligkeit mit einer unbestimmten, wechselnden Unruhe. Ich befürchte alles, stelle mir alles vor, wie es die Art der Sorgenden ist: Was ich am meisten wegwünsche, male ich mir am meisten aus. Um so dringlicher bitte ich Dich, Du möchtest mit einem oder mit zwei Briefen meiner Angst abhelfen. Ich werde ruhig sein, solange ich sie lese; freilich werde ich mich gleich wieder ängstigen, sobald ich sie gelesen habe.

An Calpurnia

Du schreibst mir, meine Abwesenheit mache Dir nicht wenig zu schaffen und Du habest nur einen Trost, daß Du statt

libellos meos teneas, saepe etiam in vestigio meo colloces. Gratum est quod nos requiris, gratum quod his fomentis adquiescis; invicem ego epistulas tuas lectito atque identidem in manus quasi novas sumo. Sed eo magis ad desiderium tui accendor: nam cuius litterae tantum habent suavitatis, huius sermonibus quantum dulcedinis inest! Tu tamen quam frequentissime scribe, licet hoc ita me delectet ut torqueat. Vale.

VI,16 C. PLINIVS TACITO SVO S.

Petis ut tibi avunculi mei exitum scribam, quo verius tradere posteris possis. Gratias ago; nam video morti eius si celebretur a te immortalem gloriam esse propositam. Quamvis enim pulcherrimarum clade terrarum, ut populi ut urbes memorabili casu, quasi semper victurus occiderit, quamvis ipse plurima opera et mansura condiderit, multum tamen perpetuitati eius scriptorum tuorum aeternitas addet.

Equidem beatos puto, quibus deorum munere datum est aut facere scribenda aut scribere legenda, beatissimos vero quibus utrumque.

Horum in numero avunculus meus et suis libris et tuis erit. Quo libentius suscipio, deposco etiam quod iniungis.

Erat Miseni classemque imperio praesens regebat. Nonum kal. Septembres hora fere septima mater mea indicat ei adparere nubem inusitata et magnitudine et specie. Vsus ille sole, mox frigida, gustaverat iacens
118 studebatque; poscit soleas, ascendit locum
119 ex quo maxime miraculum illud conspici

meiner meine Schriften bei Dir hast und sie oft auf meinen Platz legst. Es ist lieb, daß Du mich vermißt, lieb, daß Du Dir mit diesem Trostpflaster Linderung schaffst; was mich betrifft: ich lese Deine Briefe immer wieder und nehme sie immer wieder in die Hand, als wären sie neu. Freilich: um so mehr wird meine Sehnsucht nach Dir angefacht. Denn wenn jemandes Briefe so viel Anmut haben, wie viel Liebreiz ist dann in seinen Gesprächen! Schreib mir dennoch so oft wie möglich, denn es freut mich ebenso, wie es mich quält.

An Tacitus

Du bittest mich, Dir über den Tod meines Onkels zu schreiben, damit Du es möglichst richtig der Nachwelt überliefern kannst. Ich danke Dir; denn ich sehe, seinem Tode wird unsterblicher Ruhm beschieden sein, wenn Du ihn würdig darstellst. Obwohl er bei dem Untergang der schönsten Landschaft – es waren auch die Menschen und die Städte – durch ein denkwürdiges Ereignis getötet gleichsam für immer fortleben wird; und obwohl er selber viele Werke von bleibendem Wert verfaßt hat: dennoch wird sein Fortleben durch die Unvergänglichkeit Deiner Schriften noch ausgedehnt werden.

Ich jedenfalls halte die für glücklich, denen es als Geschenk der Götter gegeben ist, entweder Beschreibenswertes zu tun oder Lesenswertes zu schreiben – für besonders glücklich aber die, denen beides beschieden ist. Zu denen wird mein Onkel sowohl durch seine wie durch Deine Bücher gezählt werden. Um so lieber nehme ich auf mich, ja, dränge ich mich zu dem, was Du mir aufträgst.

Er war in Misenum und befehligte selber die Flotte. Am 24. August etwa um die siebente Stunde läßt meine Mutter ihm sagen, eine Wolke von ungewöhnlicher Größe und Form sei zu sehen. Er hatte ein Sonnenbad, danach ein kaltes Bad genommen, im Liegen etwas gegessen, und nun arbeitete er. Er fordert seine Sandalen und steigt ein Stück hinauf, von wo man sehr gut diese wunderbare Erscheinung beobachten

poterat. Nubes – incertum procul intuentibus ex quo monte (Vesuvium fuisse postea cognitum est) – oriebatur, cuius similitudinem et formam non alia magis arbor quam pinus expresserit. Nam longissimo velut trunco elata in altum quibusdam ramis diffundebatur, credo quia recenti spiritu evecta, dein senescente eo destituta aut etiam pondere suo victa in latitudinem vanescebat, candida interdum, interdum sordida et maculosa prout terram cineremve sustulerat.

Magnum propiusque noscendum ut eruditissimo viro visum. Iubet liburnicam aptari; mihi si venire una vellem facit copiam; respondi studere me malle, et forte ipse quod scriberem dederat.

Egrediebatur domo; accipit codicillos Rectinae Tasci imminenti periculo exterritae (nam villa eius subiacebat, nec ulla nisi navibus fuga): ut se tanto discrimini eriperet orabat.

Vertit ille consilium et quod studioso animo incohaverat obit maximo. Deducit quadriremes, ascendit ipse non Rectinae modo sed multis (erat enim frequens amoenitas orae) laturus auxilium. Properat illuc unde alii fugiunt, rectumque cursum recta gubernacula in periculum tenet adeo solutus metu, ut omnes illius mali motus omnes figuras ut deprenderat oculis dictaret enotaretque.

Iam navibus cinis incidebat, quo propius accederent, calidior et densior; iam pumices etiam nigrique et ambusti et fracti igne lapides; iam vadum subitum ruinaque montis litora obstantia. Cunctatus paulum an retro flecteret, mox gubernatori ut ita faceret monenti «Fortes» inquit «fortuna iuvat:

konnte. Eine Wolke erhob sich – wer sie von ferne sah, wußte nicht, aus welchem Berg; daß es der Vesuv war, wurde erst später erkannt –, an deren Aussehen kein anderer Baum mehr als die Pinie gemahnte. Denn die Wolke hob sich, wie in einem überlangen Stamm, hoch hinauf und verzweigte sich in etliche Äste; ich glaube, daß sie, durch einen aufkommenden Wind emporgerissen, dann bei dessem Abflauen kraftlos geworden oder aber vom eigenen Gewicht beschwert sich ausbreitete, zuweilen weiß, zuweilen schmutzig und fleckig, je nachdem, ob sie Erde oder Asche hochgetragen hatte.

Das war großartig und näher betrachtenswert für einen wirklich gebildeten Mann. Er befiehlt, ein leichtes Schiff bereit zu machen; mir stellt er anheim, mitzukommen, wenn ich wolle; ich antwortete, ich wolle lieber weiter arbeiten, und zufällig hatte er selber mir aufgegeben, worüber ich schreiben sollte.

Er ging gerade aus dem Hause; da erhielt er ein Briefchen von Rectina, der Frau des Tascus, die wegen der drohenden Gefahr in Angst war (denn ihr Anwesen lag unter dem Vesuv, und es gab keinen Ausweg außer mit Schiffen); sie bat ihn, er möge sie aus so großer Bedrängnis retten.

Darauf änderte er seinen Plan, und was er mit Forschergeist angefangen hatte, nahm er jetzt mit Edelmut auf sich. Er ließ Vierdecker auslaufen und bestieg selbst ein Schiff, um nicht nur Rectina, sondern auch vielen anderen Menschen Hilfe zu bringen – die schöne Küste war ja dicht bevölkert. Er eilt dorthin, von wo andere fliehen, und läßt geraden Kurs, die Steuerruder geradeaus hinein in die Gefahr halten, so völlig frei von Furcht, daß er alle Veränderungen des Unheils, alle Erscheinungen, wie er sie mit den Augen erfaßte, diktierte und aufzeichnen ließ.

Schon fiel Asche auf die Schiffe, und zwar, je näher sie herankamen, desto heißer und dichter; schon Lava und schwarze, angebrannte und im Feuer geborstene Steine; schon eine plötzliche Untiefe. Schon durch einen Steinschlag die Küste unzugänglich. Er zögerte ein wenig, ob er nicht wenden lassen solle, dann rief er dem Steuermann, der ihm riet, es so zu machen, zu: «Den Mutigen hilft das Glück;

Pomponianum pete.» Stabiis erat diremptus sinu medio (nam sensim circumactis curvatisque litoribus mare infunditur); ibi quamquam nondum periculo adpropinquante, conspicuo tamen et cum cresceret proximo, sarcinas contulerat in naves, certus fugae si contrarius ventus resedisset. Quo tunc avunculus meus secundissimo invectus, complectitur trepidantem consolatur hortatur, utque timorem eius sua securitate leniret, deferri in balineum iubet; lotus accubat cenat, aut hilaris aut (quod aeque magnum) similis hilari.

Interim e Vesuvio monte pluribus locis latissimae flammae altaque incendia relucebant, quorum fulgor et claritas tenebris noctis excitabatur. Ille agrestium trepidatione ignes relictos desertasque villas per solitudinem ardere in remedium formidinis dictitabat. Tum se quieti dedit et quievit verissimo quidem somno; nam meatus animae, qui illi propter amplitudinem corporis gravior et sonantior erat, ab iis qui limini obversabantur audiebatur. Sed area ex qua diaeta adibatur ita iam cinere mixtisque pumicibus oppleta surrexerat, ut si longior in cubiculo mora, exitus negaretur. Excitatus procedit, seque Pomponiano ceterisque qui pervigilaverant reddit. In commune consultant, intra tecta subsistant an in aperto vagentur. Nam crebris vastisque tremoribus tecta nutabant, et quasi emota sedibus suis nunc huc nunc illuc abire aut referri videbantur. Sub dio rursus quamquam levium exesorumque pumicum casus metuebatur, quod tamen periculorum collatio elegit; et apud illum quidem ratio rationem, apud alios timor

schleunigst zu Pomponianus!» Dieser war in Stabiae, durch den Golf von uns getrennt – in sanften Krümmungen und Rundungen der Ufer buchtet sich hier das Meer ins Land. Dort, wo die Gefahr noch nicht nahe, aber schon abzusehen war – und wenn sie wachsen würde, wäre sie sehr nahe –, hatte Pomponianus sein Gepäck auf Schiffe gebracht, zur Flucht entschlossen, wenn der gegen die Küste wehende Wind nachgelassen hätte. Mit dem für ihn günstigen Winde dort gelandet, umarmt der Onkel den Zitternden, tröstet ihn, redet ihm zu, und um seine Angst durch die eigene Gemütsruhe zu besänftigen, läßt er sich ins Bad bringen; nach dem Bad setzt er sich zu Tisch und speist, entweder wirklich gelassen oder, was ebenso großartig wäre, vorgeblich gelassen.

Inzwischen erstrahlten vom Vesuv her an vielen Stellen weite Flammenfelder und hohe Feuerbrände, deren Blitzen und Leuchten durch die Finsternis der Nacht gesteigert wurde. Mein Onkel erklärte immer wieder zur Besänftigung der allgemeinen Furcht, die Landleute hätten in ihrer Angst die Feuerstellen sich selbst überlassen, und die verlassenen Gehöfte stünden nun, unbewacht, in Flammen. Darauf legte er sich schlafen und schlief wirklich tief und fest, denn sein Atem, der wegen seines Körperumfanges ziemlich schwer und laut ging, wurde von denen, die an seiner Tür lauschten, gehört. Aber das Stück Erdboden, über das man dieses Gartenzimmer erreichte, hatte sich durch eine Schüttung von Asche und Bimssteingemisch schon so gehoben, daß bei einem längeren Verweilen in diesem Raum der Ausgang versperrt werden würde. Mein Onkel wird geweckt, kommt heraus und gesellt sich wieder zu Pomponianus und den übrigen, die die Nacht durchwacht hatten. Gemeinsam beratschlagen sie, ob sie unter den Dächern Schutz suchen oder im Freien bleiben sollten. Denn durch viele mächtige Erdstöße wankten die Gebäude; es war, als ob sie aus ihren Fundamenten gelöst bald hierhin, bald dorthin wankten und dann wieder zurücksänken. Unter freiem Himmel war der Hagel von allerdings nur leichten und ausgeglühten Bimssteinen zu befürchten; letztlich sprach die Abwägung der Gefahren für diese Lösung. Bei meinem Onkel hatte die eine Überlegung

vicit. Cervicalia capitibus imposita linteis constringunt; id munimentum adversus incidentia fuit.

Iam dies alibi, illic nox omnibus noctibus nigrior densiorque; quam tamen faces multae variaque lumina solvebant. Placuit egredi in litus, et ex proximo adspicere, ecquid iam mare admitteret; quod adhuc vastum et adversum permanebat. Ibi super abiectum linteum recubans semel atque iterum frigidam aquam poposcit hausitque. Deinde flammae flammarumque praenuntius odor sulpuris alios in fugam vertunt, excitant illum. Innitens servolis duobus adsurrexit et statim concidit, ut ego colligo, crassiore caligine spiritu obstructo, clausoque stomacho qui illi natura invalidus et angustus et frequenter aestuans erat. Vbi dies redditus (is ab eo quem novissime viderat tertius), corpus inventum integrum inlaesum opertumque ut fuerat indutus: habitus corporis quiescenti quam defuncto similior.

Interim Miseni ego et mater – sed nihil ad historiam, nec tu aliud quam de exitu eius scire voluisti. Finem ergo faciam. Vnum adiciam, omnia me quibus interfueram quaeque statim, cum maxime vera memorantur, audieram, persecutum. Tu potissima excerpes; aliud est enim epistulam aliud historiam, aliud amico aliud omnibus scribere. Vale.

VI,20 C. PLINIVS TACITO SVO S.

Ais te adductum litteris quas exigenti tibi de
124 morte avunculi mei scripsi, cupere cognos-
125 cere, quos ego Miseni relictus (id enim in-

über die andere gesiegt, bei den übrigen die eine Furcht über die andere. Auf den Kopf gelegte Kissen binden sie mit Laken fest, das war ein Schutzmittel gegen die fallenden Steine.

Schon war es anderwärts Tag, dort aber Nacht, schwärzer und undurchdringlicher als je eine Nacht zuvor, was allerdings viele Fackeln und andere Lichter wettmachten. Man beschloß, zum Strand zu gehen und aus nächster Nähe zu erkunden, was das Meer für Möglichkeiten böte; aber es brandete immer noch im Gegenwind. Dort legte sich mein Onkel auf ein ausgebreitetes Laken und forderte ein ums andere Mal kaltes Wasser und trank es. Aber Flammen und als Vorbote der Flammen Schwefelgeruch trieben nun die anderen in die Flucht und schreckten ihn auf. Auf zwei Sklaven gestützt erhob er sich und brach gleich danach zusammen; ich nehme an, daß der dichtere Qualm die Atmung unterband und ihm die Luftröhre verschloß, die bei ihm von Natur aus schwächlich und eng war und oft unregelmäßig arbeitete. Als das Tageslicht wiederkehrte – es war der dritte Tag nach dem, den er zuletzt gesehen hatte – wurde sein Leichnam gefunden – völlig unversehrt und so gekleidet, wie er zuletzt gewesen war. Sein Körper war mehr einem Schlafenden als einem Verstorbenen ähnlich.

Inzwischen waren meine Mutter und ich in Misenum – aber das bedeutet nichts für die Geschichte, auch hast Du nichts als den Tod meines Onkels erfahren wollen. Deshalb will ich Schluß machen. Eins möchte ich hinzufügen: ich habe alles festgehalten, was ich selbst erlebt und was ich gleich damals gehört habe, als die Erinnerungen der Wahrheit noch ganz nahe waren. Du wirst das Wichtigste auswählen; es ist ja etwas anderes, ob man einen Brief schreibt oder ein Stück Geschichte, ob an einen Freund oder für alle.

An Tacitus

Du sagst, der Brief, den ich Dir auf Deinen Wunsch über den Tod meines Onkels schrieb, habe Dich begierig gemacht, zu erfahren, was ich, der ich in Misenum zurückgeblieben war

gressus abruperam) non solum metus verum etiam casus pertulerim. «Quamquam animus meminisse horret, . . . incipiam.»

Profecto avunculo ipse reliquum tempus studiis (ideo enim remanseram) impendi; mox balineum cena somnus inquietus et brevis. Praecesserat per multos dies tremor terrae, minus formidolosus quia Campaniae solitus; illa vero nocte ita invaluit, ut non moveri omnia sed verti crederentur. Inrupit cubiculum meum mater; surgebam invicem, si quiesceret excitaturus. Resedimus in area domus, quae mare a tectis modico spatio dividebat.

Dubito, constantiam vocare an imprudentiam debeam (agebam enim duodevicensimum annum): posco librum Titi Livi, et quasi per otium lego atque etiam ut coeperam excerpo. Ecce amicus avunculi qui nuper ad eum ex Hispania venerat, ut me et matrem sedentes, me vero etiam legentem videt, illius patientiam securitatem meam corripit. Nihilo segnius ego intentus in librum.

Iam hora diei prima, et adhuc dubius et quasi languidus dies. Iam quassatis circumiacentibus tectis, quamquam in aperto loco, angusto tamen, magnus et certus ruinae metus.

Tum demum excedere oppido visum; sequitur vulgus attonitum, quodque in pavore simile prudentiae, alienum consilium suo praefert, ingentique agmine abeuntes premit et impellit.

Egressi tecta consistimus. Multa ibi miranda, multas formidines patimur. Nam ve-
126 hicula quae produci iusseramus, quamquam
127 in planissimo campo, in contrarias partes

(an dieser Stelle hatte ich abgebrochen), erlebt hätte, nicht nur an Ängsten, sondern auch an Geschehnissen. Obwohl ich schaudere, daran zu denken, will ich beginnen.

Nach der Abfahrt meines Onkels verwandte ich den Rest des Tages auf meine Arbeit (deswegen war ich ja zurückgeblieben); dann Bad, Essen, unruhiger, kurzer Schlaf. Vorhergegangen waren während vieler Tage Erdstöße, kaum furchterregend, weil in Campanien gewöhnlich. In jener Nacht aber nahm das Beben so zu, daß man glaubte, es gerate nicht nur alles in Bewegung, sondern gründlich durcheinander. Meine Mutter stürzte in mein Schlafgemach, ich wollte gerade aufstehen, um sie zu wecken, falls sie schliefe. Wir setzten uns in den Vorhof des Hauses, der das Meer von den Gebäuden in einem kleinen Abstand hält.

Ich weiß nicht, soll ich es Gelassenheit oder Torheit nennen (ich war ja gerade erst im achtzehnten Lebensjahr): ich lasse mir ein Buch von Titus Livius geben, und geradezu genüßlich lese ich und mache Auszüge, wie ich begonnen hatte. Da erscheint ein Freund des Onkels, der kürzlich aus Spanien zu ihm gekommen war. Wie er mich und meine Mutter sitzen und mich sogar lesen sieht, schilt er ihre Geduld, meine Gemütsruhe; unverdrossen blieb ich in mein Buch vertieft.

Es war die erste Stunde des Tages, und der Tag war bisher unentschieden, sozusagen verschlafen. Nachdem die umliegenden Häuser schon stark beschädigt waren, war unsere Furcht vor einem Einsturz groß und auch begründet, obwohl wir uns auf einem freien, wenn auch beengten Platz befanden.

Jetzt erst sieht man ein, daß man sich aus der Stadt entfernen müsse. Es folgt uns eine kopflose Menge; und was in Angstzuständen schon fast der Klugheit gleichkommt: diese Menge bevorzugt die fremde Entscheidung gegenüber einer eigenen; und sie drängt und stößt uns, die wir vorangehen, in einem großen Zuge vorwärts.

Außerhalb der Stadt halten wir an: Viel Wunderbares, viel Furchterregendes erleben wir dort. Die Fahrzeuge, die wir vorfahren lassen, rollten auf dem doch völlig ebenen Gelände

agebantur, ac ne lapidibus quidem fulta in eodem vestigio quiescebant. Praeterea mare in se resorberi et tremore terrae quasi repelli videbamus. Certe processerat litus, multaque animalia maris siccis harenis detinebat. Ab altero latere nubes atra et horrenda, ignei spiritus tortis vibratisque discursibus rupta, in longas flammarum figuras dehiscebat; fulguribus illae et similes et maiores erant.

Tum vero idem ille ex Hispania amicus acrius et instantius «Si frater» inquit «tuus, tuus avunculus vivit, vult esse vos salvos; si periit, superstites voluit. Proinde quid cessatis evadere?» Respondimus non commissuros nos ut de salute illius incerti nostrae consuleremus. Non moratus ultra proripit se effusoque cursu periculo aufertur.

Nec multo post illa nubes descendere in terras, operire maria; cinxerat Capreas et absconderat, Miseni quod procurrit abstulerat. Tum mater orare hortari iubere, quoquo modo fugerem; posse enim iuvenem, se et annis et corpore gravem bene morituram, si mihi causa mortis non fuisset. Ego contra salvum me nisi una non futurum; dein manum eius amplexus addere gradum cogo. Paret aegre incusatque se, quod me moretur.

Iam cinis, adhuc tamen rarus. Respicio: densa caligo tergis imminebat, quae nos torrentis modo infusa terrae sequebatur. «Deflectamus» inquam «dum videmus, ne in via strati comitantium turba in tenebris obteramur.»

Vix consideramus, et nox non
128 qualis inlunis aut nubila, sed qualis in locis
129 clausis lumine exstincto. Audires ululatus

in verschiedene Richtungen und blieben nicht einmal dann auf derselben Stelle stehen, wenn Steine unterlegt wurden. Außerdem sahen wir das Meer zurückgesaugt oder durch das Erdbeben gleichsam zurückgeschoben werden. Kein Zweifel, der Strand war vorgerückt und behielt zahlreiche Meerestiere auf trockenen Sandbänken zurück. Auf der anderen Seite eine Wolke, schwarz und fürchterlich, vom Feuerhauch in spiralig bewegte Bahnen zerrissen, die sich in lange Flammengebilde aufspaltete. Die waren Blitzen ähnlich, nur größer.

Da mahnte uns wieder der Freund aus Spanien, heftiger und dringender: «Wenn dein Bruder, dein Onkel noch lebt, will er, daß ihr heil bleibt; wenn er umgekommen ist, will er, daß ihr überlebt. Was zögert ihr also, der Gefahr zu entrinnen?» Wir antworteten, wir könnten uns nicht entschließen, an unser Wohl zu denken, wenn wir über das seine im ungewissen seien. Er ließ sich nicht länger aufhalten, rannte davon und brachte sich in gestrecktem Lauf in Sicherheit.

Nicht viel später senkte sich jene Wolke auf die Erde, bedeckte das Meer; sie hatte Capri umhüllt und verborgen, das vorspringende Cap Misenum verschwinden lassen. Da bat meine Mutter, mahnte, befahl, ich solle auf irgendeine Weise fliehen, ich als Jüngling könne es, sie, bejahrt und gebeugt, werde ruhig sterben, wenn sie nicht die Ursache meines Todes sei. Ich dagegen: ich wolle nicht am Leben bleiben ohne sie; darauf fasse ich ihre Hand und zwinge sie, den Schritt zu beschleunigen. Sie gehorcht widerwillig und klagt sich an, daß sie mich behindere.

Schon fiel Asche, zunächst noch dünn. Ich blicke zurück: Hinter uns erhob sich drohend dichter Qualm, der uns, nach Art eines Wildbaches über den Boden hinfließend, folgte. «Laß uns abbiegen», sagte ich, «solange wir sehen, damit wir nicht auf der Straße hinfallen und vom Gedränge der Mitflüchtenden im Dunkeln zertrampelt werden.» Kaum erwägen wir das, ist schon Nacht, aber nicht wie eine mondlose, wolkenverhangene, sondern wie eine in geschlossenen Räumen bei gelöschtem Licht. Man hörte das Geheul von

feminarum, infantum quiritatus, clamores virorum; alii parentes alii liberos alii coniuges vocibus requirebant, vocibus noscitabant; hi suum casum, illi suorum miserabantur; erant qui metu mortis mortem precarentur; multi ad deos manus tollere, plures nusquam iam deos ullos aternamque illam et novissimam noctem mundo interpretabantur. Nec defuerunt qui fictis mentitisque terroribus vera pericula augerent. Aderant qui Miseni illud ruisse illud ardere falso sed credentibus nuntiabant.

Paulum reluxit, quod non dies nobis, sed adventantis ignis indicium videbatur. Et ignis quidem longius substitit; tenebrae rursus cinis rursus, multus et gravis. Hunc identidem adsurgentes excutiebamus; operti alioqui atque etiam oblisi pondere essemus. Possem gloriari non gemitum mihi, non vocem parum fortem in tantis periculis excidisse, nisi me cum omnibus, omnia mecum perire misero, magno tamen mortalitatis solacio credidissem.

Tandem illa caligo tenuata quasi in fumum nebulamve discessit; mox dies verus; sol etiam effulsit, luridus tamen qualis esse cum deficit solet. Occursabant trepidantibus adhuc oculis mutata omnia altoque cinere tamquam nive obducta.

Regressi Misenum curatis utcumque corporibus suspensam dubiamque noctem spe ac metu exegimus. Metus praevalebat; nam et tremor terrae perseverabat, et plerique lymphati terrificis vaticinationibus et sua et aliena mala ludificabantur. No-
130 bis tamen ne tunc quidem, quamquam et
131 expertis periculum et exspectantibus, ab-

Frauen, das Jammern von Kindern, das Schreien von Männern; die einen riefen nach den Eltern, andere nach den Kindern, wieder andere nach den Ehegatten und suchten sie am Rufen zu erkennen; die einen beklagten ihr eigenes Unglück, die anderen das ihrer Angehörigen; es gab auch welche, die sich aus Angst vor dem Tod den Tod wünschten; viele erhoben die Hände zu den Göttern, noch mehr aber waren der Meinung, es gäbe nirgends mehr Götter, und diese Nacht sei ewig und sei die letzte für die Welt. Auch fehlten nicht solche, die mit erfundenen, erlogenen Schreckensgeschichten die wirklichen Gefahren noch übertrieben. Es gab auch welche, die verkündeten, in Misenum sei ein Teil eingestürzt, der andere brenne; es war falsch, aber manche glaubten es.

Es wurde ein wenig heller, doch schien es uns nicht der Tag, sondern ein Anzeichen des näherkommenden Feuers zu sein. Das Feuer blieb indessen in einiger Entfernung stehen. Wieder Finsternis, wieder dichte, schwere Asche. Die schüttelten wir ab, indem wir immer wieder aufstanden; wir wären sonst völlig bedeckt und am Ende durch das Gewicht erdrückt worden. Ich könnte mich rühmen, daß mir in all diesen großen Gefahren kein Seufzer, kein unmutiges Wort entschlüpft ist, wenn ich nicht geglaubt hätte, ich würde mit allen und alle würden mit mir untergehen – ein armseliger und doch ein großer Trost beim Sterben.

Endlich wurde der Qualm schwächer und löste sich gleichsam in Dunst oder Nebel auf; bald war es wirklich Tag, auch die Sonne leuchtete hervor, jedoch nur gelbblaß, wie sonst bei einer Sonnenfinsternis. Nun lag vor den noch verwirrten Augen alles verändert da, von einer dicken Schicht Asche wie von Schnee bedeckt.

Nach Misenum zurückgekehrt sorgten wir je nach Möglichkeit für unser leibliches Wohl und verbrachten eine spannungsgeladene Nacht zwischen Furcht und Hoffnung. Die Furcht überwog; denn das Erdbeben dauerte an, und viele Menschen, durch schreckliche Weissagungen verrückt gemacht, trieben ihren Scherz mit eigenem und fremdem Unglück. Wir aber, obwohl wir die Gefahr kennengelernt hatten und von neuem erwarteten, konnten uns auch jetzt

eundi consilium, donec de avunculo nuntius.

Haec nequaquam historia digna non scripturus leges et tibi scilicet qui requisisti imputabis, si digna ne epistula quidem videbuntur. Vale.

VI,31 C. PLINIVS CORNELIANO SVO S.

Evocatus in consilium a Caesare nostro ad Centum Cellas (hoc loco nomen), magnam cepi voluptatem. Quid enim iucundius quam principis iustitiam gravitatem comitatem in secessu quoque ubi maxime recluduntur inspicere? Fuerunt variae cognitiones et quae virtutes iudicis per plures species experirentur.

Dixit causam Claudius Ariston princeps Ephesiorum, homo munificus et innoxie popularis; inde invidia et a dissimillimis delator immissus, itaque absolutus vindicatusque est.

Sequenti die audita est Gallitta adulterii rea. Nupta haec tribuno militum honores petituro, et suam et mariti dignitatem centurionis amore maculaverat. Maritus legato consulari, ille Caesari scripserat. Caesar excussis probationibus centurionem exauctoravit atque etiam relegavit. Supererat crimini, quod nisi duorum esse non poterat, reliqua pars ultionis; sed maritum non sine aliqua reprehensione patientiae amor uxoris retardabat, quam quidem etiam post delatum adulterium domi habuerat quasi contentus aemulum removisse. Admonitus
132 ut perageret accusationem, peregit invitus.
133 Sed illam damnari etiam invito accusatore

nicht zum Weggehen entschließen, ehe nicht ein Bote von meinem Onkel kam.

Das paßt nun nicht in ein Geschichtswerk; Du wirst es lesen, aber nicht, um davon zu schreiben; da Du es aber selber verlangt hast, wirst Du es Dir selber anlasten, wenn es nicht einmal einen Brief wert war.

An Cornelianus

Ich bin von unserem Kaiser in seinen Beirat nach Centum Cellae – so heißt der Ort – berufen worden; das hat mich sehr gefreut. Denn was ist erfreulicher, als des Fürsten Gerechtigkeit, Ernst und Freundlichkeit auch bei seinem Landaufenthalt zu beobachten, wo sie sich besonders deutlich zeigen? Es gab verschiedene Rechtsfälle, und zwar solche, bei denen seine noble Gerechtigkeit sich in mancher Hinsicht erwies.

Zuerst führte Claudius Ariston seine Sache, ein Fürst der Epheser, ein spendenfreudiger und im besten Sinne volkstümlicher Mann. Darum bekam er Neid zu spüren und von ganz anders gearteten Menschen einen Denunzianten auf den Hals; aber er wurde freigesprochen und erhielt Genugtuung.

Am folgenden Tage verhörte man Galitta, die wegen Ehebruchs angeklagt war. Sie war verheiratet mit einem Militärtribunen, der vor einer ehrenvollen Laufbahn stand, und hatte ihr und ihres Mannes Ansehen durch eine Liebschaft mit einem Centurio befleckt. Der Ehemann hatte an den Consular, der hatte an den Kaiser geschrieben. Der Kaiser setzte nach Auswertung der Beweise den Centurio ab; außerdem verbannte er ihn. Nun blieb noch bei seinem Vergehen, an dem immer zwei beteiligt sein müssen, die andere Hälfte der Bestrafung. Aber den Ehemann ließ – ungeachtet der Vorwürfe, die ihm wegen seiner Duldsamkeit gemacht wurden – die Liebe zu seiner Frau zögern; er hatte sie sogar nach Bekanntwerden des Ehebruchs im Hause belassen, schon zufrieden damit, daß er den Nebenbuhler los war. Ermahnt, die Anklage zu Ende zu führen, tat er es nur widerstrebend. Aber ihre Verurteilung war trotz dem Widerstreben des

necesse erat: damnata et Iuliae legis poenis relicta est. Caesar et nomen centurionis et commemorationem disciplinae militaris sententiae adiecit, ne omnes eius modi causas revocare ad se videretur.

Tertio die inducta cognitio est multis sermonibus et vario rumore iactata, Iuli Tironis codicilli, quos ex parte veros esse constabat, ex parte falsi dicebantur. Substituebantur crimini Sempronius Senecio eques Romanus et Eurythmus Caesaris libertus et procurator. Heredes, cum Caesar esset in Dacia, communiter epistula scripta, petierant ut susciperet cognitionem. Susceperat; reversus diem dederat, et cum ex heredibus quidam quasi reverentia Eurythmi omitterent accusationem, pulcherrime dixerat: «Nec ille Polyclitus est nec ego Nero.»

Indulserat tamen petentibus dilationem, cuius tempore exacto consederat auditurus. A parte heredum intraverunt duo omnino; postulaverunt, omnes heredes agere cogerentur, cum detulissent omnes, aut sibi quoque desistere permitteretur.

Locutus est Caesar summa gravitate summa moderatione, cumque advocatus Senecionis et Eurythmi dixisset suspicionibus relinqui reos, nisi audirentur, «Non curo» inquit «an isti suspicionibus relinquantur, ego relinquor.» Dein conversus ad nos: «Ἐπιστήσατε quid facere debeamus; isti enim queri volunt quod sibi licuerit non accusari.» Tum ex consilii sententia iussit denuntiari heredibus omnibus, aut agerent aut singuli adprobarent causas non agendi; alioqui se vel de calumnia pro-
134 nuntiaturum.

135 Vides quam honesti, quam severi dies;

Anklägers nötig; sie wurde verurteilt und der Bestrafung nach der Lex Iulia überantwortet. Der Kaiser ließ den Namen des Centurio und eine Anmerkung zur militärischen Disziplinarordnung dem Urteilsspruch hinzufügen, damit man nicht meine, er wolle alle derartigen Fälle an sich ziehen.

Am dritten Tage stand eine Rechtssache an, über die in vielen Gesprächen und mannigfachen Gerüchten hin- und hergeredet worden ist: die Codicille des Iulius Tiro, die zum Teil unbestreitbar echt, zum Teil angeblich gefälscht waren. Der Tat verdächtigt wurden Sempronius Senecio, römischer Ritter, und Eurythmus, Freigelassener des Kaisers und sein Vermögensverwalter. Die Erben waren, als der Kaiser in Dacien weilte, gemeinsam in einem Schreiben vorstellig geworden, er möge die Untersuchung in die Hand nehmen. Das hatte er. Zurückgekehrt hatte er einen Termin gewährt und, als einige der Erben wie aus Scheu gegenüber Eurythmus die Anklage fallen ließen, sehr nett gesagt: «Er ist nicht Polyclitus, und ich bin nicht Nero.»

Aber er hatte den Bittstellern einen Aufschub gewährt; nach Ablauf der Frist hielt er nun Sitzung, um sie anzuhören. Von Seiten der Erben kamen überhaupt nur zwei; sie forderten, alle Erben müßten gezwungen werden, die Sache zu betreiben, da alle die Beschuldigung erhoben hätten, oder auch ihnen müsse erlaubt werden, davon Abstand zu nehmen.

Jetzt sprach der Kaiser mit großem Ernst, großer Gemessenheit, und als der Anwalt des Senecio und des Eurythmus erklärte, an den Angeschuldigten würde weiterhin ein Verdacht hängen, wenn kein Verhör stattfinde, sagte er: «Mein Problem ist nicht, ob *sie* weiterhin verdächtigt bleiben; *ich* bliebe es.» Dann, zu uns gewandt: «Überlegt, was wir jetzt tun müssen. Diese Männer wollen sich beschweren, daß man Ihnen erlaubt, nicht angeklagt zu werden.» Darauf ließ er gemäß der Ansicht des Beirats allen Erben verkünden, sie sollten entweder die Sache betreiben – oder aber einzeln die Gründe darlegen, warum nicht; andernfalls werde er sie wegen Verleumdung verurteilen.

Du siehst, wie würdig und wie ernst die Tage waren; und es

quos iucundissimae remissiones sequebantur. Adhibebamur cotidie cenae; erat modica, si principem cogitares. Interdum acroamata audiebamus, interdum iucundissimis sermonibus nox ducebatur.

Summo die abeuntibus nobis (tam diligens in Caesare humanitas) xenia sunt missa.

Sed mihi ut gravitas cognitionum, consilii honor, suavitas simplicitasque convictus, ita locus ipse periucundus fuit.

Villa pulcherrima cingitur viridissimis agris, imminet litori, cuius in sinu fit cum maxime portus. Huius sinistrum brachium firmissimo opere munitum est, dextrum elaboratur. In ore portus insula adsurgit, quae inlatum vento mare obiacens frangat, tutumque ab utroque latere decursum navibus praestet. Adsurgit autem arte visenda: ingentia saxa latissima navis provehit contra; haec alia super alia deiecta ipso pondere manent ac sensim quodam velut aggere construuntur. Eminet iam et adparet saxeum dorsum impactosque fluctus in immensum elidit et tollit; vastus illic fragor canumque circa mare. Saxis deinde pilae adicientur quae procedente tempore enatam insulam imitentur. Habebit hic portus, et iam habet nomen auctoris, eritque vel maxime salutaris; nam per longissimum spatium litus importuosum hoc receptaculo utetur. Vale.

VII,4 C. PLINIVS PONTIO SVO S.

136 Ais legisse te hendecasyllabos meos; requi-
137 ris etiam quemadmodum coeperim scribere,

folgte ihnen die angenehmste Erholung. Wir wurden täglich zur Tafel gezogen; sie war einfach, wenn man den fürstlichen Rahmen bedenkt. Bisweilen hörten wir musikalische Darbietungen, bisweilen brach über sehr angenehmen Gesprächen die Nacht an.

Am letzten Tage wurden uns beim Scheiden – so sorgsam ist des Kaisers Liebenswürdigkeit – Geschenke überreicht. Mir war außer dem Ernst der Verhandlungen, außer der Ehre, zum Beirat zu gehören, außer der Freundlichkeit und Ungezwungenheit des Umgangs auch die Örtlichkeit selbst äußerst lieb und wert.

Der wunderschöne Landsitz ist eingerahmt von sehr grünen Äckern; er beherrscht die Küste, in deren Bucht gerade jetzt ein Hafen gebaut wird. Dessen linke Mole ist bereits durch eine sehr starke Befestigung gesichert, an der rechten wird noch gearbeitet. Vor der Hafenmündung entsteht eine Insel, die, indem sie sich dem vom Wind herangetriebenen Meer entgegenstemmt, die Wellen brechen und den Schiffen eine sichere Zufahrt von jeder Seite gewährleisten soll. Die Art und Weise, wie sie entsteht, ist sehenswert; ein sehr breites Schiff bringt große Steinbrocken dicht heran; die werden einer auf den anderen hinabgeworfen und bleiben durch ihr eigenes Gewicht liegen; allmählich werden sie zu einer Art Wall aufgehäuft. Schon ragt heraus und ist zu sehen ein felsiger Rücken, der die ungestalten Wassermassen in alle Richtungen zerschlägt und zerstäubt; ein wüstes Getöse und weißer Schaum rings auf dem Meere. Den Felsblöcken sollen später Pfeiler hinzugefügt werden, wodurch im Lauf der Zeit eine gewachsene Insel nachgeahmt wird. Dieser Hafen soll den Namen seines Schöpfers tragen, trägt ihn schon jetzt; er wird von großem Nutzen sein: Die weithin hafenlose Küste wird ihn als Zufluchtsort brauchen können.

An Pontius

Du sagst, Du habest meine Elfsilber gelesen; und nun willst Du wissen, wodurch ich dazu gekommen bin, sie zu schreiben

homo ut tibi videor severus, ut ipse fateor non ineptus.

Numquam a poetice (altius enim repetam) alienus fui; quin etiam quattuordecim natus annos Graecam tragoediam scripsi. «Qualem?» inquis. Nescio; tragoedia vocabatur.

Mox, cum e militia rediens in Icaria insula ventis detinerer, Latinos elegos in illud ipsum mare ipsamque insulam feci. Expertus sum me aliquando et heroo, hendecasyllabis nunc primum, quorum hic natalis haec causa est.

Legebantur in Laurentino mihi libri Asini Galli de comparatione patris et Ciceronis. Incidit epigramma Ciceronis in Tironem suum. Dein cum meridie (erat enim aestas) dormiturus me recepissem, nec obreperet somnus, coepi reputare maximos oratores hoc studii genus et in oblectationibus habuisse et in laude posuisse. Intendi animum contraque opinionem meam post longam desuetudinem perquam exiguo temporis momento id ipsum, quod me ad scribendum sollicitaverat, his versibus exaravi:

Cum libros Galli legerem, quibus ille parenti
ausus de Cicerone dare est palmamque decusqu
lascivum inveni lusum Ciceronis et illo
spectandum ingenio, quo seria condidit et quo
humanis salibus multo varioque lepore
magnorum ostendit mentes gaudere virorum.
Nam queritur quod fraude mala frustratus amantem
paucula cenato sibi debita savia Tiro
tempore nocturno subtraxerit. His ego lectis
«cur post haec» inquam «nostros celamus amores

– ein ernsthafter Mann, wie ich Dir scheine, und wie ich mich selbst einschätze, kein alberner.

Niemals – ich will von ganz vorne anfangen – war ich der Dichtkunst abgeneigt; jawohl: schon mit vierzehn Jahren habe ich eine griechische Tragödie geschrieben. «Welche?» fragst Du. Ich weiß nicht mehr; ich nannte sie einfach «Tragödie».

Später, als ich vom Kriegsdienst zurückkehrend auf der Insel Icaria durch Stürme festgehalten wurde, habe ich lateinische Elegien auf dieses Meer und diese Insel verfaßt. Ich habe mich früher einmal im heroischen Versmaß versucht, in Elfsilbern erst jetzt; folgendes ist ihre Geburtsstunde, folgendes ist ihre Ursache:

Auf dem Laurentinum wurden mir die Bücher des Asinius Gallus über den Vergleich seines Vaters mit Cicero vorgelesen. Darin kam das Epigramm vor, das Cicero auf seinen Tiro geschrieben hat. Später, als ich mich mittags (es war Sommer) zurückgezogen hatte, um zu schlafen, der Schlaf mich aber nicht überkommen wollte, kam mir in den Sinn, daß die größten Redner diese Art Dichten sowohl zu ihrem Vergnügen betrieben wie auch für löblich gehalten haben. Ich strengte meinen Geist an, und gegen meine Vermutung – ich war seit langem ohne Übung – drückte ich in ganz kurzer Zeit das, was mich zum Schreiben angeregt hatte, in folgenden Versen aus:

Als ich des Gallus Schrift gelesen, in der er dem Vater
Ehre und Ruhm vor Cicero sich zu geben erkühnte,
fand ich Ciceros keckes Gedicht; da konnte man sehen:
Was für ein Geist! Mit ihm hat er wahrlich Großes geschaffen
und mit ihm – mit gebildetem Salz, mit vielerlei Feinsinn –
zeigt er zugleich, woran sich große Männer ergötzen.
Denn er klagt, ihn habe sein Tiro schändlich betrogen:
Die bei Tisch versprochenen wenigen Küsse sei er
nachts ihm dann schuldig geblieben. Das las ich – und überlegte:
Warum verberge eigentlich ich meine Liebesgeschichten,

nullumque in medium timidi damus atque fatemur
Tironisque dolos, Tironis nosse fugaces
blanditias et furta novas addentia flammas?»

Transii ad elegos; hos quoque non minus celeriter explicui, addidi alios facilitate corruptus. Deinde in urbem reversus sodalibus legi; probaverunt. Inde plura metra si quid otii, ac maxime in itinere temptavi. Postremo placuit exemplo multorum unum separatim hendecasyllaborum volumen absolvere, nec paenitet. Legitur describitur cantatur etiam, et a Graecis quoque, quos Latine huius libelli amor docuit, nunc cithara nunc lyra personatur.

Sed quid ego tam gloriose? Quamquam poetis furere concessum est. Et tamen non de meo sed de aliorum iudicio loquor; qui sive iudicant sive errant, me delectat. Vnum precor, ut posteri quoque aut errent similiter aut iudicent. Vale.

VII,26 C. PLINIVS MAXIMO SVO S.

Nuper me cuiusdam amici languor admonuit, optimos esse nos dum infirmi sumus. Quem enim infirmum aut avaritia aut libido sollicitat? Non amoribus servit, non adpetit honores, opes neglegit et quantulumcumque, ut relicturus, satis habet. Tunc deos tunc hominem esse se meminit, invidet nemini, neminem miratur neminem despicit, ac ne sermonibus quidem malignis aut attendit aut alitur: balinea imaginatur et fon-
140 tes. Haec summa curarum, summa votorum
141 mollemque in posterum et pinguem, si con-

gebe sie ängstlich niemandem preis, statt frei zu
bekennen,
daß auch ich eines Tiro Listen und flüchtiges Kosen
kenne, die Tricks, die immerzu neue Flammen entfachen.

Ich ging dann zu Distichen über; auch sie brachte ich nicht weniger schnell heraus; ich schrieb auch noch andere Verse, vom leichten Gelingen verführt. Später, in die Stadt zurückgekehrt, las ich sie Freunden vor; sie fanden sie gut. Daraufhin erprobte ich noch mehr Metren, wenn ich einmal Muße hatte, oft auf der Reise. Zuletzt hatte ich Lust, nach dem Beispiel vieler ein Buch nur mit Elfsilbern zu verfertigen, und es tut mir nicht leid; es wird gelesen, abgeschrieben, sogar gesungen und wird auch von Griechen, die das Verlangen nach diesem Büchlein Latein gelehrt hat, bald zur Zither, bald zur Leier vorgetragen.

Aber was rede ich so großspurig? Immerhin – den Poeten ist das Schwärmen erlaubt. Und dann spreche ich ja nicht von meinem Urteil, sondern von dem Urteil anderer; sie mögen recht haben oder irren – mich freut es. Eines wünsche ich mir: daß auch die Nachfahren in gleicher Weise irren oder recht haben.

An Maximus

Jüngst brachte mich die Kränklichkeit eines Freundes darauf, wir seien am besten dran, wenn wir nicht gesund sind. Denn wenn man nicht gesund ist – wen plagt dann noch Habsucht oder Begierde? Man ist nicht hörig seinen Liebschaften, trachtet nicht nach Ehren, denkt nicht an Reichtümer und hat auch mit wenigem genug, da man es doch zurücklassen muß. Jetzt wird man gewahr, daß es Götter gibt, daß man selber ein Mensch ist; man beneidet niemanden, man bewundert niemanden und verachtet niemanden; nicht einmal boshaftes Geschwätz regt einen auf oder an; man träumt von Bädern und Heilquellen. Diese äußersten Sorgen, diese äußersten Wünsche verheißen ein späterhin sanftes und geruhsames

tingat evadere, hoc est innoxiam beatamque destinat vitam.

Possum ergo quod plurimis verbis, plurimis etiam voluminibus philosophi docere conantur, ipse breviter tibi mihique praecipere, ut tales esse sani perseveremus, quales nos futuros profitemur infirmi. Vale.

VII,27 C. PLINIVS SVRAE SVO S.

Et mihi discendi et tibi docendi facultatem otium praebet. Igitur perquam velim scire, esse phantasmata et habere propriam figuram numenque aliquod putes an inania et vana ex metu nostro imaginem accipere.

Ego ut esse credam in primis eo ducor, quod audio accidisse Curtio Rufo. Tenuis adhuc et obscurus, obtinenti Africam comes haeserat. Inclinato die spatiabatur in porticu; offertur ei mulieris figura humana grandior pulchriorque. Perterrito Africam se futurorum praenuntiam dixit: iturum enim Romam honoresque gesturum, atque etiam cum summo imperio in eandem provinciam reversurum, ibique moriturum. Facta sunt omnia. Praeterea accedenti Carthaginem egredientique nave eadem figura in litore occurrisse narratur. Ipse certe implicitus morbo futura praeteritis, adversa secundis auguratus, spem salutis nullo suorum desperante proiecit.

Iam illud nonne et magis terribile et non minus mirum est quod exponam ut accepi? Erat Athenis spatiosa et capax domus sed infamis et pestilens. Per silentium noctis
142 sonus ferri, et si attenderes acrius, strepitus
143 vinculorum longius primo, deinde e proxi-

– sofern man heil davonkommt –, und das bedeutet: unschuldiges und glückliches Leben.

Ich kann also, was die Philosophen uns mit vielen Worten und in vielen Büchern zu lehren versuchen, in aller Kürze Dir und mir als Regel geben: Wir sollten als Gesunde uns so verhalten, wie wir als Kranke geloben, uns verhalten zu wollen.

An Sura

Die Muße bietet eine Gelegenheit: mir, etwas zu lernen, Dir, mich zu belehren. Also: Ich möchte gern wissen, ob Du der Meinung bist, daß es Erscheinungen gibt und ob sie eine eigene Gestalt und irgendeine Gewalt haben, oder ob sie, inhaltlos und nichtig, nur durch unsere Furcht zum Bilde werden.

Ich möchte glauben, daß es sie gibt; dazu bringt mich vor allem, was, wie ich höre, Curtius Rufus zugestoßen ist. Noch in ärmlichen Verhältnissen und unbekannt gehörte er zum Gefolge des Statthalters von Afrika. Eines Abends erging er sich in einer Halle. Da zeigt sich ihm die Gestalt eines Weibes von mehr als menschlicher Größe und Schönheit; dem Erschrockenen sagt sie, sie sei Afrika und die Verkünderin der Zukunft: Er werde nach Rom kommen, dort hohe Ehren erlangen und in höchster Stellung in eben diese Provinz zurückkehren und dort sterben. Alles ist so geschehen. Außerdem soll ihm, als er in Karthago landete und von Bord ging, dieselbe Erscheinung am Ufer entgegengetreten sein. Wirklich befiel ihn dort Krankheit; aus dem Vergangenen das Zukünftige und aus dem Glück das Unglück erahnend, gab er alle Hoffnung auf Genesung auf, als noch keiner der Seinen an ihr zweifelte.

Ist nicht noch schrecklicher und ebenso wunderbar, was ich Dir erzählen werde, wie ich es vernommen habe? Es gab in Athen ein stattliches, geräumiges Haus, aber verrufen und ungesund. In der Stille der Nacht war das Geräusch von Eisen und bei schärferem Zuhören der Lärm von Ketten, erst aus

mo reddebatur: mox adparebat idolon, senex macie et squalore confectus, promissa barba horrenti capillo; cruribus compedes, manibus catenas gerebat quatiebatque. Inde inhabitantibus tristes diraeque noctes per metum vigilabantur; vigiliam morbus et crescente formidine mors sequebatur. Nam interdiu quoque, quamquam abscesserat imago, memoria imaginis oculis inerrabat, longiorque causis timoris timor erat. Deserta inde et damnata solitudine domus totaque illi monstro relicta; proscribebatur tamen, seu quis emere seu quis conducere ignarus tanti mali vellet.

Venit Athenas philosophus Athenodorus, legit titulum auditoque pretio, quia suspecta vilitas, percunctatus omnia docetur ac nihilo minus, immo tanto magis conducit. Vbi coepit advesperascere, iubet sterni sibi in prima domus parte, poscit pugillares stilum lumen, suos omnes in interiora dimittit; ipse ad scribendum animum oculos manum intendit, ne vacua mens audita simulacra et inanes sibi metus fingeret.

Initio, quale ubique, silentium noctis; dein concuti ferrum, vincula moveri. Ille non tollere oculos, non remittere stilum, sed offirmare animum auribusque praetendere. Tum crebrescere fragor, adventare et iam ut in limine, iam ut intra limen audiri. Respicit, videt agnoscitque narratam sibi effigiem. Stabat innuebatque digito similis vocanti. Hic contra ut paulum exspectaret manu significat rursusque ceris et stilo incumbit.

Illa scribentis capiti catenis insonabat.
144 Respicit rursus idem quod prius innuentem,
145 nec moratus tollit lumen et sequitur. Ibat

weiterer Entfernung, dann in nächster Nähe zu vernehmen. Darauf erschien ein Gespenst, ein Greis, durch Auszehrung und Schmutz entstellt, mit langgewachsenem Bart und gesträubtem Haar; er trug an den Füßen Fesseln, an den Händen Ketten und schüttelte sie. Infolgedessen verbrachten die Bewohner aus Furcht traurige, schreckliche Nächte; das ständige Wachen hatte Krankheit und bei wachsender Angst sogar Todesfälle zur Folge. Denn auch tagsüber, obwohl die Erscheinung verschwunden war, stand die Erinnerung daran vor Augen, und die Furcht bestand länger als ihre Ursache. Schließlich wurde das Haus aufgegeben, zum Leerstehen verdammt und ganz jenem Gespenst überlassen; doch man bot es öffentlich aus, ob jemand es kaufen oder mieten wolle in Unkenntnis dieses Makels.

Da kommt nach Athen der Philosoph Athenodorus, liest die Anzeige, hört den Preis und forscht, weil die Billigkeit verdächtig ist, nach, wird über alles unterrichtet und mietet das Haus trotzdem, sogar um so lieber. Als es beginnt, Abend zu werden, läßt er sich im vorderen Teil des Hauses ein Lager richten und verlangt Schreibtäfelchen, Griffel und Licht; seine Leute entläßt er alle in die hinteren Räume; er ermuntert sich an Geist, Augen und Hand zum Schreiben, damit nicht sein unbeschäftigter Sinn die berichteten Trugbilder und sinnlosen Ängste entstehen lasse.

Anfänglich, wie sonst auch, die Stille der Nacht; dann Aneinanderschlagen von Eisen, Schütteln von Ketten. Und er? Nicht die Augen heben, nicht den Griffel loslassen, sondern den Geist wappnen und die Ohren spitzen! Da verstärkt sich der Lärm, nähert sich und ist schon auf der Türschwelle zu hören, jetzt schon innerhalb der Tür. Er blickt sich um, sieht und erkennt die ihm geschilderte Erscheinung. Sie stand und winkte ihm mit dem Finger wie jemand, der einen heranruft. Er aber bedeutet ihr mit der Hand, sie möchte ein wenig warten, und widmet sich wieder der Wachstafel und dem Griffel.

Da rasselt sie dicht am Kopf des Schreibenden mit den Ketten. Er blickt auf, sieht sie genau so winken wie zuvor, nimmt ohne Zögern das Licht und folgt ihr. Die Erscheinung

illa lento gradu quasi gravis vinculis. Postquam deflexit in aream domus, repente dilapsa deserit comitem. Desertus herbas et folia concerpta signum loco ponit.

Postero die adit magistratus, monet ut illum locum effodi iubeant. Inveniuntur ossa inserta catenis et implicita, quae corpus aevo terraque putrefactum nuda et exesa reliquerat vinculis; collecta publice sepeliuntur. Domus postea rite conditis manibus caruit.

Et haec quidem adfirmantibus credo; illud adfirmare aliis possum. Est libertus mihi non inlitteratus. Cum hoc minor frater eodem lecto quiescebat. Is visus est sibi cernere quendam in toro residentem, admoventemque capiti suo cultros, atque etiam ex ipso vertice amputantem capillos. Vbi inluxit, ipse circa verticem tonsus, capilli iacentes reperiuntur.

Exiguum temporis medium, et rursus simile aliud priori fidem fecit. Puer in paedagogio mixtus pluribus dormiebat. Venerunt per fenestras (ita narrat) in tunicis albis duo cubantemque detonderunt et qua venerant recesserunt. Hunc quoque tonsum sparsosque circa capillos dies ostendit.

Nihil notabile secutum, nisi forte quod non fui reus, futurus, si Domitianus sub quo haec acciderunt diutius vixisset. Nam in scrinio eius datus a Caro de me libellus inventus est;

ex quo coniectari potest, quia reis moris est summittere capillum, recisos meorum capillos depulsi quod imminebat
146 periculi signum fuisse.

147 Proinde rogo, eruditionem tuam inten-

schreitet langsam, wie beschwert von Ketten. Als sie in den Hof des Hauses eingebogen war, verschwand sie plötzlich und ließ ihren Begleiter allein. Der Zurückgelassene reißt Gras und Blätter ab und legt sie als Zeichen an der Stelle nieder.

Am folgenden Tage geht er ins Rathaus und ersucht, man möge an jener Stelle aufgraben lassen. Gefunden wurden Knochen, von Ketten durchzogen und umschlungen; der Körper, von der Zeit und von der Erde zerfressen, hatte sie den Fesseln nackt und bloß überlassen. Sie werden gesammelt und auf Staatskosten begraben. Das Haus blieb danach von den Manen des ordentlich bestatteten Toten verschont.

Diese Geschichte muß ich doch denen glauben, die sie bezeugen! Das Folgende kann ich selbst jedermann bezeugen. Ich habe einen Freigelassenen, der nicht ohne Bildung ist. Mit diesem schlief sein jüngerer Bruder in demselben Bett. Er hatte folgendes Gesicht: Er sah jemanden sich auf sein Lager setzen, ein Schermesser seinem Kopfe näherbringen und ihm am Scheitel die Haare abschneiden. Als es hell wurde, fand man ihn rings um den Scheitel geschoren und die Haare herumliegen.

Eine kurze Zeit verstrich, da bekräftigte ein ähnliches Geschehnis das vorige. Ein junger Sklave schlief gemeinsam mit mehreren anderen in der Dienerkammer. Da kamen durch das Fenster – so erzählt er – zwei Gestalten in weißen Gewändern, schoren dem Liegenden die Haare ab und verschwanden, wie sie gekommen waren. Auch diesmal zeigt der helle Tag, daß er geschoren ist und daß die Haare herumliegen.

Nichts Bemerkenswertes folgte, außer vielleicht, daß ich nicht angeklagt wurde; das wäre geschehen, wenn Domitian, unter dem sich dies beides ereignete, länger gelebt hätte. Denn in seinem Aktenschrank ist eine von Carus ihm übergebene Schrift gegen mich gefunden worden. Danach kann die Begebenheit so gedeutet werden: Da es üblich ist, daß Angeklagte ihr Haar wachsen lassen, könnten die geschorenen Haare meiner Leute ein Zeichen gewesen sein, daß die mir drohende Gefahr abgewendet war.

So bitte ich Dich, bemühe Dein gelehrtes Wissen! Die

das. Digna res est quam diu multumque consideres; ne ego quidem indignus, cui copiam scientiae tuae facias. Licet etiam utramque in partem (ut soles) disputes, ex altera tamen fortius, ne me suspensum incertumque dimittas, cum mihi consulendi causa fuerit, ut dubitare desinerem. Vale.

VIII,8 C. PLINIVS ROMANO SVO S.

Vidistine aliquando Clitumnum fontem? Si nondum (et puto nondum: alioqui narrasses mihi), vide; quem ego (paenitet tarditatis) proxime vidi.

Modicus collis adsurgit, antiqua cupressu nemorosus et opacus. Hunc subter exit fons et exprimitur pluribus venis sed imparibus, eluctatusque quem facit gurgitem lato gremio patescit, purus et vitreus, ut numerare iactas stipes et relucentes calculos possis. Inde non loci devexitate, sed ipsa sui copia et quasi pondere impellitur, fons adhuc et iam amplissimum flumen, atque etiam navium patiens;

quas obvias quoque et contrario nisu in diversa tendentes transmittit et perfert, adeo validus ut illa qua properat ipse, quamquam per solum planum, remis non adiuvetur, idem aegerrime remis contisque superetur adversus. Iucundum utrumque per iocum ludumque fluitantibus, ut flexerint cursum, laborem otio otium labore variare.

Ripae fraxino multa, multa populo vestiuntur, quas perspicuus amnis velut mersas viridi imagine adnumerat. Rigor aquae certaverit nivibus, nec color cedit. Adiacet

Sache ist es wert, daß Du ausführlich darüber nachdenkst, und ich bin doch nicht unwert, daß Du mir Dein Wissen zugutekommen läßt. Du magst auch, wie sonst, das Für und Wider erwägen, aber doch der einen Seite mehr Gewicht beilegen, damit Du mich nicht in der Schwebe, im Ungewissen läßt; denn der Grund, Dich zu fragen, war, daß ich meinen Zweifel loswerde.

An Romanus

Hast Du eigentlich einmal die Clitumnus-Quelle gesehen? Wenn noch nicht – und das vermute ich; sonst hättest Du es mir erzählt –, dann schau sie Dir an; ich habe sie jüngst gesehen – mir tut mein langes Säumen leid.

Ein sanfter Hügel erhebt sich, von alten Zypressen bewachsen und beschattet. Unten entspringt eine Quelle, sprudelt in mehreren ungleichen Strängen hervor, und nachdem sie den Tobel, den sie bildet, hinter sich gebracht hat, weitet sie sich zu einem Becken, rein und glasklar, so daß man die hineingeworfenen Münzen und schimmernden Steinchen zählen kann. Von dort wird sie nicht durch den abschüssigen Boden, sondern durch ihre eigene Wassermenge, also durch ihr Gewicht weitergetrieben; eben noch ein Quellwasser – nun schon ein stattlicher Fluß, der sogar Schiffe trägt, die er auch gegeneinander, mit unterschiedlichem Kurs, in verschiedene Richtungen durchläßt und ans Ziel bringt; er strömt so stark, daß man dorthin, wohin er fließt – obwohl das Gelände eben ist –, die Ruder nicht benötigt; entsprechend wird er gegen den Strom nur mühsam mit Rudern und Stangen gemeistert. Hübsch ist beides für jeden, der hier zu Scherz und Spiel schwimmt, je nachdem wie er die Richtung wechselt, nämlich: die Mühe mit der Muße, die Muße mit der Mühe zu vertauschen.

Die Ufer sind mit vielen Eschen, vielen Pappeln gesäumt, die der durchsichtige Strom, als wären sie untergetaucht, im grünen Abbild zu zählen erlaubt. Die Kälte des Wassers könnte mit Eis und Schnee wetteifern, auch seine Farbe ist

templum priscum et religiosum. Stat Clitumnus ipse amictus ornatusque praetexta; praesens numen atque etiam fatidicum indicant sortes. Sparsa sunt circa sacella complura, totidemque di. Sua cuique veneratio suum nomen, quibusdam vero etiam fontes. Nam praeter illum quasi parentem ceterorum sunt minores capite discreti; sed flumini miscentur, quod ponte transmittitur. Is terminus sacri profanique: in superiore parte navigare tantum, infra etiam natare concessum.

Balineum Hispellates, quibus illum locum divus Augustus dono dedit, publice praebent, praebent et hospitium. Nec desunt villae quae secutae fluminis amoenitatem margini insistunt.

In summa nihil erit, ex quo non capias voluptatem. Nam studebis quoque: leges multa multorum omnibus columnis omnibus parietibus inscripta, quibus fons ille deusque celebratur. Plura laudabis, non nulla ridebis; quamquam tu vero, quae tua humanitas, nulla ridebis. Vale.

VIII,10 C. PLINIVS FABATO PROSOCERO SVO S.

Quo magis cupis ex nobis pronepotes videre, hoc tristior audies neptem tuam abortum fecisse, dum se praegnantem esse puellariter nescit, ac per hoc quaedam custodienda praegnantibus omittit, facit omittenda. Quem errorem magnis documentis expiavit, in summum periculum adducta. Igitur, ut necesse est, graviter acci-
150 pias senectutem tuam quasi paratis posteris
151 destitutam, sic debes agere dis gratias, quod

nahe daran. Am Ufer befindet sich ein alter, ehrwürdiger Tempel; darin steht Clitumnus selbst, angetan und geschmückt mit der purpurverbrämten Toga. Lose zeigen an, daß eine Gottheit gegenwärtig ist und auch weissagt. Verstreut stehen ringsum mehrere Heiligtümer für je einen Gott. Jeder hat seine eigenen Bräuche, seinen eigenen Namen, zu manchen gehören auch eigene Quellen. Denn außer jenem Quellwasser, gleichsam dem Oberhaupt aller übrigen, gibt es kleinere, verschiedenen Ursprungs; aber alle ergießen sich in den Fluß; den überschreitet man auf einer Brücke. Sie ist die Grenze zwischen dem geheiligten und dem ungeweihten Bezirk. Im oberen Teil darf man nur mit Schiffen fahren, im unteren auch schwimmen. Die Hispellaten, denen der verewigte Augustus diesen Ort zum Geschenk gemacht hat, gewähren freien Eintritt zum Bad und bieten auch Quartier. Es fehlt auch nicht an Landhäusern, die, der Anmut des Flusses folgend, an seinem Ufer stehen.

Insgesamt gibt es nichts, was einem nicht Freude machen könnte. Man kann dort auch allerlei erfahren: Man liest alle möglichen Inschriften, auf jeder Säule, an jeder Wand, in denen die Quelle und der Gott gepriesen werden. Vieles davon wirst Du loben, über manches wirst Du lachen – oder vielmehr: verständnisvoll wie Du bist, wirst Du über gar nichts lachen.

An den Schwieger-Großvater Fabatus

Da Du so sehr den Wunsch hast, durch uns Urenkel zu erhalten, wirst Du mit desto größerem Kummer hören, daß Deine Enkelin eine Fehlgeburt hatte. Sie wußte, mädchenhaft, nicht, daß sie schwanger war, und darum achtete sie nicht auf manche Vorschriften für Schwangere, tat manches, was man nicht tun soll. Für diesen Fehler hat sie viel Lehrgeld bezahlt: sie war in Lebensgefahr. Also: Ganz gewiß findest Du es bedrückend, daß nun Dein Alter um den fast schon sicheren Nachwuchs gebracht worden ist; doch solltest Du den Göttern danken, daß sie Dir gegenwärtig Urenkel versagt

ita tibi in praesentia pronepotes negaverunt, ut servarent neptem, illos reddituri, quorum nobis spem certiorem haec ipsa quamquam parum prospere explorata fecunditas facit. Isdem nunc ego te quibus ipsum me hortor moneo confirmo. Neque enim ardentius tu pronepotes quam ego liberos cupio, quibus videor a meo tuoque latere pronum ad honores iter et audita latius nomina et non subitas imagines relicturus. Nascantur modo et hunc nostrum dolorem gaudio mutent. Vale.

VIII,17 C. PLINIVS MACRINO SVO S.

Num istic quoque immite et turbidum caelum? Hic adsiduae tempestates et crebra diluvia. Tiberis alveum excessit et demissioribus ripis alte superfunditur; quamquam fossa quam providentissimus imperator fecit exhaustus, premit valles, innatat campis, quaque planum solum, pro solo cernitur. Inde quae solet flumina accipere et permixta devehere, velut obvius retro cogit, atque ita alienis aquis operit agros, quos ipse non tangit.

Anio, delicatissimus amnium ideoque adiacentibus villis velut invitatus retentusque, magna ex parte nemora quibus inumbratur fregit et rapuit; subruit montes, et decidentium mole pluribus locis clausus, dum amissum iter quaerit, impulit tecta ac se super ruinas eiecit atque extulit.

Viderunt quos excelsioribus terris illa
tempestas deprehendit, alibi divitum adpa-
152 ratus et gravem supellectilem, alibi instru-
153 menta ruris, ibi boves aratra rectores, hic

haben, um Deine Enkelin zu retten und Dir später welche zu bescheren; die Hoffnung darauf ist bestärkt worden durch diesen – freilich nicht so ganz glücklichen – Beweis der Fruchtbarkeit. Ich will Dich mit den gleichen Gedanken wie mich selber ermutigen, ermahnen, bestärken. Denn nicht sehnlicher als Du Dir Urenkel, wünsche ich mir Kinder. Ich gedenke ihnen von meiner wie von Deiner Seite einen glatten Zugang zu Ehrenämtern, klangvolle Namen und unvergeßliche Vorbilder zu hinterlassen. Möchten sie nur bald geboren werden und unseren heutigen Schmerz in Freude verwandeln!

An Macrinus

Ist bei Euch auch der Himmel so unsanft und stürmisch? Hier sind ständig Unwetter und häufig Hochwasser. Der Tiber ist aus seinem Bett getreten, und in den tiefen Lagen ist hohe Überschwemmung; obwohl er durch den Graben, den der Kaiser vorsorglich anlegen ließ, abgeleitet ist, bedeckt er die Niederungen, ergießt er sich auf die Felder; wo ebenes Gelände ist, sieht man den Fluß statt des Erdbodens. Dadurch drängt er zurück, staut er sozusagen die Zuflüsse, die er sonst aufnimmt und mit sich führt, und bewirkt die Überflutung von Ländereien, die er selbst nicht erreicht.

Der Anio, dieser reizendste aller Flüsse – es ist, als ob die an ihm liegenden Landhäuser ihn zum Verweilen bewegen wollten – hat die Wälder, von denen er beschattet wird, zum großen Teil niedergebrochen und fortgerissen; er hat Berge unterspült und ist von einer Masse Geröll verschüttet worden; dann hat er, indem er den verlorenen Weg wieder suchte, Häuser eingerissen, sich über die Trümmer ergossen und sie mit sich fortgetragen.

Wen das Unwetter auf höherem Gelände erwischte, der sah hier Möbel und schweres Hausgerät der Reichen, dort bäuerliches Werkzeug, da wieder Ochsen, Pflüge, Pflüger, anderswo losgerissenes Vieh, dazwischen Baumstämme, Bal-

soluta et libera armenta, atque inter haec arborum truncos aut villarum trabes atque culmina varie lateque fluitantia: Ac ne illa quidem malo vacaverunt, ad quae non ascendit amnis. Nam pro amne imber adsiduus et deiecti nubibus turbines, proruta opera quibus pretiosa rura cinguntur, quassata atque etiam decussa monumenta. Multi eius modi casibus debilitati obruti obtriti, et aucta luctibus damna.

Ne quid simile istic, pro mensura periculi vereor, teque rogo, si nihil tale, quam maturissime sollicitudini meae consulas, sed et si tale, id quoque nunties. Nam parvolum differt, patiaris adversa an exspectes; nisi quod tamen est dolendi modus, non est timendi. Doleas enim quantum scias accidisse, timeas quantum possit accidere. Vale.

VIII,20 C. PLINIVS GALLO SVO S.

Ad quae noscenda iter ingredi, transmittere mare solemus, ea sub oculis posita neglegimus, seu quia ita natura comparatum, ut proximorum incuriosi longinqua sectemur, seu quod omnium rerum cupido languescit, cum facilis occasio, seu quod differimus tamquam saepe visuri, quod datur videre quotiens velis cernere. Quacumque de causa, permulta in urbe nostra iuxtaque urbem non oculis modo sed ne auribus quidem novimus, quae si tulisset Achaia Aegyptos Asia aliave quaelibet miraculorum ferax commendatrixque terra, audita perlecta lustrata haberemus.

154 Ipse certe nuper, quod nec audieram ante
155 nec videram, audivi pariter et vidi. Exegerat

ken und Dachsparren von Landhäusern, bunt durcheinander dahintreibend. Aber auch die Stellen, bis zu denen der Fluß nicht anstieg, blieben von dem Unheil nicht verschont, denn statt Hochwasser gab es unendlichen Regen und aus den Wolken herabfallende Wirbelstürme, umgestürzte Einfriedungen zierlicher Gärten, zerschlagene und auch umgeworfene Grabmäler.

Viele Menschen sind bei derartigen Vorfällen verletzt, verschüttet, zermalmt worden; so kommt zum Schaden noch die Trauer.

Ich fürchte bei dem Ausmaß der Bedrohung, daß es bei Euch ähnlich ist, und bitte Dich: wenn es nicht so ist, nimm mir so schnell wie möglich meine Sorge; ist es aber so, melde es mir auch! Denn es ist kaum ein Unterschied, ob man Unheil erleidet oder erwartet; nur gibt es für das Leiden ein Maß, für die Angst nicht. Weh tut nur, was geschehen ist; Angst macht alles, was geschehen kann.

An Gallus

Wir machen Reisen, wir fahren übers Meer, um etwas kennenzulernen, das wir, wenn es uns vor Augen liegt, gar nicht wahrnehmen – sei es, weil es uns von der Natur bestimmt ist, gleichgültig gegen das Nächstliegende dem Entlegenen nachzulaufen – sei es, weil das Verlangen nach allem erlahmt, wenn es leicht zu haben ist – sei es, weil wir es aufschieben: wir könnten ja noch oft sehen, was uns da zu sehen angeboten ist, beliebig oft. Aus welchem Grunde auch immer: Vieles in unserer Stadt und um sie herum kennen wir nicht vom eigenen Anschauen, nicht einmal vom Hörensagen; wenn Achaia, Ägypten, Asien oder sonst ein Land, an Sehenswürdigkeiten reich und dafür berühmt, dergleichen böte, hätten wir längst davon gehört und gelesen und wären hingefahren.

Ich selber habe kürzlich gleichzeitig gehört und gesehen, wovon ich vorher weder durch Hören noch durch Sehen

prosocer meus, ut Amerina praedia sua inspicerem. Haec perambulanti mihi ostenditur subiacens lacus nomine Vadimonis; simul quaedam incredibilia narrantur. Perveni ad ipsum. Lacus est in similitudinem iacentis rotae circumscriptus et undique aequalis: nullus sinus, obliquitas nulla, omnia dimensa paria, et quasi artificis manu cavata et excisa. Color caerulo albidior, viridior et pressior; sulpuris odor saporque medicatus; vis qua fracta solidantur. Spatium modicum, quod tamen sentiat ventos, et fluctibus intumescat.

Nulla in hoc navis (sacer enim), sed innatant insulae, herbidae omnes harundine et iunco, quaeque alia fecundior palus ipsaque illa extremitas lacus effert. Sua cuique figura ut modus; cunctis margo derasus, qui frequenter vel litori vel sibi inlisae terunt terunturque. Par omnibus altitudo, par levitas; quippe in speciem carinae humili radice descendunt. Haec ab omni latere perspicitur, eadem aqua pariter suspensa et mersa. Interdum iunctae copulataeque et continenti similes sunt, interdum discordantibus ventis digerunter, non numquam destitutae tranquillitate singulae fluitant. Saepe minores maioribus velut cumbulae onerariis adhaerescunt, saepe inter se maiores minoresque quasi cursum certamenque desumunt; rursus omnes in eundem locum adpulsae, qua steterunt promovent terram, et modo hac modo illa lacum reddunt auferuntque, ac tum demum cum medium tenuere non contrahunt. Constat pecora herbas secuta sic in insulas illas ut in extremam ripam
156 procedere solere, nec prius intellegere mo-
157 bile solum quam litori abrepta quasi inlata

Kenntnis hatte. Der Großvater meiner Frau hatte mich gedrängt, sein Gut bei Ameria zu besichtigen. Als ich das Gelände durchwanderte, wird mir ein tief unten liegender See gezeigt, der Vadimo; zugleich wird davon allerlei Unglaubliches erzählt. Ich ging hin. Der See sieht aus wie ein liegendes Rad, kreisrund und völlig gleichmäßig; keine Bucht, keine Ecke, alles abgemessen, gleich groß und wie von der Hand eines Künstlers ausgehoben, ausgestanzt. Farbe heller als schwarz, dunkler als Grün; Geruch nach Schwefel, Geschmack nach Arznei, eine Heilkraft, durch die gebrochene Knochen wieder fest werden. Er hat keine große Ausdehnung, immerhin bekommt er den Wind zu spüren und bildet Wellen.

Kein Schiff ist darauf – denn er ist heilig –, aber Inseln schwimmen darin, alle bewachsen mit Schilf und Rohr und was sonst ein einigermaßen fruchtbarer Sumpf und der Umkreis des Sees eben so hervorbringen. Jede Insel hat ihre eigene Form und Größe; alle sind am Rande abgewetzt, weil sie sich oft am Ufer und oft aneinander reiben. Allen ist ihre Höhe, allen ist auch ihr geringes Gewicht gleich; denn nach Art eines Nachens tauchen sie mit ihrer Bodenfläche kaum ins Wasser. Die ist von allen Seiten zu sehen, halb schwebend und halb schwimmend. Zuweilen sind die Inseln verbunden aneinander gekoppelt, und dann gleichen sie zusammenhängendem Land; zuweilen werden sie bei wechselnden Winden getrennt; wenn sie bei Windstille sich selbst überlassen sind, treiben sie meist einzeln dahin. Oft hängen kleinere an größeren wie Beiboote an Lastschiffen, oft unternehmen kleinere und größere miteinander sozusagen einen Wettlauf; werden sie alle an einer Stelle angetrieben, lassen sie dort, wo sie stehen bleiben, das Land in den See hineinragen; sie geben bald hier, bald dort den See frei oder lassen ihn verschwinden, und erst dann, wenn sie sich zur Mitte halten, beeinträchtigen sie ihn nicht. Es kommt oft vor, daß Schafe auf der Suche nach Futter bis auf die Inseln wie auf einen Ufervorsprung geraten und nicht eher merken, daß sich der Boden bewegt, als bis sie vom Ufer abgetrieben, gleichsam verladen und verschifft, sich rings vom See umgeben sehen und Angst

et imposita circumfusum undique lacum paveant; mox quo tulerit ventus egressa, non magis se descendisse sentire, quam senserint ascendisse.

Idem lacus in flumen egeritur, quod ubi se paulisper oculis dedit specu mergitur alteque conditum meat ac, si quid antequam subduceretur accepit, servat et profert.

Haec tibi scripsi, quia nec minus ignota quam mihi nec minus grata credebam. Nam te quoque ut me nihil aeque ac naturae opera delectant. Vale.

VIII,24 C. PLINIVS MAXIMO SVO S.

Amor in te meus cogit, non ut praecipiam (neque enim praeceptore eges), admoneam tamen, ut quae scis teneas et observes, aut nescire melius.

Cogita te missum in provinciam Achaiam, illam veram et meram Graeciam, in qua primum humanitas litterae, etiam fruges inventae esse creduntur; missum ad ordinandum statum liberarum civitatum, id est ad homines maxime homines, ad liberos maxime liberos, qui ius a natura datum virtute meritis amicitia, foedere denique et religione tenuerunt. Reverere conditores deos et nomina deorum, reverere gloriam veterem et hanc ipsam senectutem, quae in homine venerabilis, in urbibus sacra. Sit apud te honor antiquitati, sit ingentibus factis, sit fabulis quoque. Nihil ex cuiusquam dignitate, nihil ex libertate, nihil etiam ex iactatione decerpseris.

158 Habe ante oculos hanc esse terram, quae
159 nobis miserit iura, quae leges non victis sed

bekommen. Wenn sie aber dort, wohin der Wind sie trägt, ans Land kommen, merken sie es ebensowenig, daß sie «ausgestiegen» sind, wie sie vorher das «Einsteigen» gemerkt haben.

Dieser See hat seinen Abfluß in einen Fluß, der, eine kurze Weile sichtbar, in einer Grotte in die Tiefe stürzt und unsichtbar weiterfließt; was er aufgenommen hat, bevor er verschwindet, bewahrt er und bringt er später wieder ans Licht.

Das habe ich Dir geschrieben, weil ich glaubte, es sei Dir ebenso unbekannt wie mir und ebenso lieb. Denn Dich wie mich erfreut nichts so sehr wie die Werke der Natur.

An Maximus

Meine Zuneigung zu Dir nötigt mich, Dir anzuraten – nicht, Dir eine Lehre zu erteilen, denn eine Lehre brauchst Du nicht –, daß Du festhältst und beachtest, was Du weißt; sonst wäre es schon besser, nichts zu wissen.

Denk daran, Du wirst in die Provinz Achaia entsandt, jenes wahre und echte Griechenland, wo, wie es heißt, der Begriff der Menschlichkeit, die gelehrte Bildung und sogar der planvolle Ackerbau erfunden worden sind; wirst entsandt, um die Verfassung freier Gemeinwesen zu ordnen, also zu Menschen im wahrsten Sinne, zu Freien im wahrsten Sinne, die das von der Natur verliehene Recht durch Tüchtigkeit, Verdienste, Freundschaft, Vertragstreue und auch durch Gottesfurcht sich bewahrt haben.

Achte ihre Gründergötter wie auch ihre Götternamen, achte ihren alten Ruhm, überhaupt ihr Alter. Schon bei Menschen ist es verehrungswürdig; bei Städten ist es heilig. Hab Ehrfurcht vor ihrer Vergangenheit, vor ihren großen Taten, auch vor ihren Sagen. Tu niemandem Abbruch, nicht an seiner Würde, nicht an seiner Freiheit, nicht einmal an seiner Prahlerei!

Hab stets vor Augen, daß dies das Land ist, das uns das Recht übermacht, das uns Gesetze gegeben hat – nicht als

petentibus dederit, Athenas esse quas adeas, Lacedaemonem esse quam regas; quibus reliquam umbram et residuum libertatis nomen eripere durum ferum barbarum est. Vides a medicis, quamquam in adversa valetudine nihil servi ac liberi differant, mollius tamen liberos clementiusque tractari. Recordare quid quaeque civitas fuerit, non ut despicias quod esse desierit; absit superbia asperitas. Nec timueris contemptum. An contemnitur qui imperium qui fasces habet, nisi humilis et sordidus, et qui se primus ipse contemnit? Male vim suam potestas aliorum contumeliis experitur, male terrore veneratio adquiritur, longeque valentior amor ad obtinendum quod velis quam timor. Nam timor abit si recedas, manet amor, ac sicut ille in odium hic in reverentiam vertitur.

Te vero etiam atque etiam (repetam enim) meminisse oportet officii tui titulum ac tibi ipsum interpretari, quale quantumque sit ordinare statum liberarum civitatum. Nam quid ordinatione civilius, quid libertate pretiosius? Porro quam turpe, si ordinatio eversione, libertas servitute mutetur!

Accedit quod tibi certamen est tecum: onerat te quaesturae tuae fama, quam ex Bithynia optimam revexisti; onerat testimonium principis; onerat tribunatus, praetura atque haec ipsa legatio quasi praemium data. Quo magis nitendum est ne in longinqua provincia quam suburbana, ne inter servientes quam liberos, ne sorte quam iudicio missus, ne rudis et incognitus quam
160 exploratus probatusque humanior melior
161 peritior fuisse videaris, cum sit alioqui, ut

Besiegten, sondern als Bittenden; daß es Athen ist, wohin Du gehst, Lakedaimon, das Du verwalten sollst; ihnen den letzten Schatten, den verbliebenen Schein von Freiheit zu rauben, wäre hart, grausam, barbarisch. Du siehst bei den Ärzten: Sie unterscheiden bei einer Krankheit nicht zwischen Sklaven und Freien, aber milder und gelinder behandeln sie die Freien. Erinnere Dich daran, was jede dieser Städte gewesen ist, damit Du sie nicht verachtest, weil sie es nicht mehr ist; fern sei Dir Hochmut und Schroffheit! Du brauchst Mißachtung nicht zu befürchten. Wird denn einer mißachtet, der die Macht, die Polizeigewalt hat, wenn er nicht niedrig und schmutzig ist und zu allererst sich selber mißachtet? Schlecht ist es, wenn die Amtsgewalt ihre Macht durch die Beleidigung anderer dartut, schlecht, wenn man sich durch Angst und Schrecken Achtung verschafft. Um zu erreichen, was man will, ist Liebe weit dienlicher als Furcht. Denn Furcht verschwindet, wenn man weggeht, Liebe bleibt; und wie Furcht zu Haß wird, so wird Liebe zu Verehrung.

Du aber – ich will es noch einmal sagen – mußt Dir wieder und wieder bewußt machen, welches Ansehen Dein Amt hat, und Dir selbst klar darüber sein, wie viel es bedeutet, die Verfassung freier Gemeinwesen zu ordnen. Denn was ist bürgerfreundlicher als die Ordnung, was kostbarer als die Freiheit? Wie scheußlich ist es dagegen, wenn Ordnung sich in Umsturz, Freiheit sich in Knechtschaft verkehrt!

Übrigens: Du mußt Dich jetzt selbst übertreffen. Du trägst mit Dir den sehr guten Ruf Deiner Quaestur, den Du aus Bithynien mitgebracht hast; Du trägst die Anerkennung des Fürsten; Du trägst Dein Tribunat, Deine Praetur und jetzt diese Entsendung als Legat, die eine Belohnung sein soll. Um so mehr mußt Du Dich anstrengen, daß Du nicht den Anschein erweckst, Du seiest in der entfernten Provinz mehr als im Bereich von Städten, bei abhängigen Provinzialen mehr als bei freien Stadtbürgern, bei einer durch das Los zugefallenen Aufgabe mehr als bei einer bewußt übertragenen, seiest als ein noch ungeschliffener und unbekannter Mann mehr denn als ein erfahrener und erprobter menschlich, rechtschaffen und geschickt gewesen; es ist ja doch, wie

saepe audisti saepe legisti, multo deformius amittere quam non adsequi laudem.

Haec velim credas, quod initio dixi, scripsisse me admonentem, non praecipientem; quamquam praecipientem quoque. Quippe non vereor, in amore ne modum excesserim. Neque enim periculum est ne sit nimium quod esse maximum debet. Vale.

IX,6 C. PLINIVS CALVISIO SVO S.

Omne hoc tempus inter pugillares ac libellos iucundissima quiete transmisi. «Quemadmodum» inquis «in urbe potuisti?» Circenses erant, quo genere spectaculi ne levissime quidem teneor. Nihil novum nihil varium, nihil quod non semel spectasse sufficiat. Quo magis miror tot milia virorum tam pueriliter identidem cupere currentes equos, insistentes curribus homines videre. Si tamen aut velocitate equorum aut hominum arte traherentur, esset ratio non nulla; nunc favent panno pannum amant, et si in ipso cursu medioque certamine hic color illuc ille huc transferatur, studium favorque transibit, et repente agitatores illos equos illos, quos procul noscitant, quorum clamitant nomina relinquent. Tanta gratia tanta auctoritas in una vilissima tunica, mitto apud vulgus, quod vilius tunica, sed apud quosdam graves homines; quos ego cum recordor, in re inani frigida adsidua, tam insatiabiliter desidere, capio aliquam voluptatem, quod hac voluptate non capior. Ac per hos dies libentissime otium meum in
162 litteris colloco, quos alii otiosissimis occu-
163 pationibus perdunt. Vale.

Du oft gehört und gelesen hast, weit schlimmer, einen guten Ruf zu verlieren, als ihn erst gar nicht zu erlangen.

Ich möchte wünschen, Du glaubst, was ich zu Anfang gesagt habe: Ich habe als Ratgeber, nicht als Lehrmeister geschrieben (obwohl – auch als Lehrer). Freilich fürchte ich nicht, in meiner Zuneigung zu weit gegangen zu sein. Es besteht keine Gefahr, daß etwas zu groß sein könnte, was doch möglichst groß sein soll.

An Calvisius

Die ganze Zeit habe ich mit Schreibtäfelchen und Büchern in angenehmster Muße zugebracht. «Wieso», fragst Du, «hast du das in der Stadt gekonnt?» – Es gab Zirkusspiele, welche Lustbarkeit mich nicht im geringsten fesseln kann. Nichts Neues, keine Abwechslung, es reicht, wenn man das alles ein einziges Mal gesehen hat. Um so mehr verwundert es mich, daß so viele tausend Erwachsene so kindisch immer wieder danach verlangen, die rennenden Pferde und die auf den Wagen stehenden Männer zu sehen. Wenn noch die Schnelligkeit oder die Kunst der Lenker sie anzöge, hätte es noch einen Sinn; so aber jubeln sie dem farbigen Tuch zu, einen Farbfetzen lieben sie; würde man während des Rennens mitten im Wahlkampf die eine Farbe gegen die andere austauschen, dann würden auch ihr Eifer, ihre Gunst hinüberwechseln und augenblicklich die Lenker, die Pferde im Stich lassen, die sie von weitem erkennen, deren Namen sie rufen. So viel Beliebtheit, so viel Wichtigkeit hat ein billiger Rock – nun gut, beim gemeinen Volk, weil es noch billigere Röcke hat, aber auch bei gewissen ernsthaften Männern; wenn ich daran denke, daß diese Leute bei einer so nichtigen, faden, endlosen Sache so unersättlich herumsitzen, habe ich einigen Spaß daran, daß ich daran keinen Spaß habe. Und so verbringe ich während dieser Tage, die andere mit den müßigsten Beschäftigungen vertun, meine Mußezeiten nur zu gern in geistiger Tätigkeit.

IX,12 C. PLINIVS IVNIORI SVO S.

Castigabat quidam filium suum quod paulo sumptuosius equos et canes emeret. Huic ego iuvene digresso: «Heus tu, numquamne fecisti, quod a patre corripi posset? ‹Fecisti› dico? Non interdum facis quod filius tuus, si repente pater ille tu filius, pari gravitate reprehendat? Non omnes homines aliquo errore ducuntur? Non hic in illo sibi, in hoc alius indulget?»

Haec tibi admonitus immodicae severitatis exemplo, pro amore mutuo scripsi, ne quando tu quoque filium tuum acerbius duriusque tractares. Cogita et illum puerum esse et te fuisse, atque ita hoc quod es pater utere, ut memineris et hominem esse te et hominis patrem. Vale.

IX,23 C. PLINIVS MAXIMO SVO S.

Frequenter agenti mihi evenit, ut centumviri cum diu se intra iudicum auctoritatem gravitatemque tenuissent, omnes repente quasi victi coactique consurgerent laudarentque; frequenter e senatu famam qualem maxime optaveram rettuli: numquam tamen maiorem cepi voluptatem, quam nuper ex sermone Corneli Taciti.

Narrabat sedisse secum circensibus proximis equitem romanum. Hunc post varios eruditosque sermones requisisse: «Italicus es an provincialis?» Se respondisse: «Nosti me, et quidem ex studiis.» Ad hoc illum: «Tacitus es an Plinius?»

164 Exprimere non possum, quam sit iucun-
165 dum mihi quod nomina nostra quasi littera-

An Iunior

Es stauchte jemand seinen Sohn zusammen, daß er allzu verschwenderisch Pferde und Hunde kaufe. Zu dem Vater sagte ich, als der junge Mann weggegangen war: «Hör mal, hast du nie etwas getan, was von deinem Vater gescholten werden konnte? Wieso ‹hast getan›! Tust du nicht zuweilen, was dein Sohn, wenn auf einmal er der Vater wäre und du der Sohn, ebenso streng tadeln könnte? Gerät nicht jeder Mensch einmal auf einen Irrweg? Läßt sich nicht der eine hier etwas durchgehen, der andere dort?»

Dies habe ich Dir geschrieben, angeregt durch einen Fall von übermäßiger Strenge – da wir uns doch beide zugetan sind –, damit nicht auch Du einmal Deinen Sohn mit zu großer Härte und Strenge behandelst. Denk daran, daß er noch ein Knabe ist und daß Du einer warst, und nutze Deine Vaterrolle so, daß Du nie vergißt: Du bist ein Mensch und Vater eines Menschen.

An Maximus

Oft ist es mir bei einer Verhandlung widerfahren, daß die Centumvirn, nachdem sie lange die Haltung richterlicher Würde und Strenge bewahrt hatten, sich plötzlich alle wie überwältigt erhoben und Beifall spendeten; oft habe ich aus dem Senat ein Echo erhalten, wie ich es mir nur hatte wünschen können. Aber noch nie habe ich an irgend etwas mehr Vergnügen gehabt als neulich an einem Gespräch mit Cornelius Tacitus.

Er erzählte mir, bei den letzten Zirkusspielen habe neben ihm ein römischer Ritter gesessen; der habe nach verschiedenen gebildeten Gesprächen die Frage gestellt: «Bist du Italiker oder Provinziale?» Da habe er geantwortet: «Du kennst mich – und zwar aus meinen Büchern.» Darauf jener: «Bist du Tacitus oder Plinius?»

Ich kann gar nicht sagen, wie lieb und wert es mir ist, daß unser beider Namen, als gehörten sie zu Werken und nicht zu

rum propria, non hominum, litteris redduntur, quod uterque nostrum his etiam ex studiis notus, quibus aliter ignotus est.

Accidit aliud ante pauculos dies simile. Recumbebat mecum vir egregius, Fadius Rufinus, super eum municeps ipsius, qui illo die primum venerat in urbem; cui Rufinus demonstrans me: «Vides hunc?» Multa deinde de studiis nostris; et ille «Plinius est» inquit.

Verum fatebor, capio magnum laboris mei fructum. An si Demosthenes iure laetatus est, quod illum anus Attica ita noscitavit: Οὗτός ἐστι Δημοσθένης, ego celebritate nominis mei gaudere non debeo? Ego vero et gaudeo et gaudere me dico. Neque enim vereor ne iactantior videar, cum de me aliorum iudicium non meum profero, praesertim apud te qui nec ullius invides laudibus et faves nostris. Vale.

IX,33 C. PLINIVS CANINIO SVO S.

Incidi in materiam veram sed simillimam fictae, dignamque isto laetissimo altissimo planeque poetico ingenio; incidi autem, dum super cenam varia miracula hinc inde referuntur. Magna auctori fides: tametsi quid poetae cum fide? Is tamen auctor, cui bene vel historiam scripturus credidisses.

Est in Africa Hipponensis colonia mari proxima. Adiacet navigabile stagnum; ex hoc in modum fluminis aestuarium emergit, quod vice alterna, prout aestus aut repressit aut impulit, nunc infertur mari,
166 nunc redditur stagno. Omnis hic aetas pis-
167 candi navigandi atque etiam natandi studio

Personen, mit den Werken eins werden; denn jeder von uns ist durch seine Werke auch denen bekannt, die ihn sonst nicht kennen.

Etwas Ähnliches begegnete mir vor wenigen Tagen. Zu Tisch lag mit mir zusammen ein trefflicher Mann, Fadius Rufinus, neben ihm ein Landsmann, der an jenem Tag zum ersten Mal in die Stadt gekommen war. Zu ihm sagte Rufinus, auf mich zeigend: «Siehst du den da?» und sprach dann viel von meinen Arbeiten; darauf sagte der andere: «Es ist Plinius.»

Ich muß wirklich sagen, meine Arbeit trägt reiche Früchte. Wenn selbst Demosthenes sich freuen durfte, daß ihn eine athenische Greisin erkannte und sagte: «Das ist Demosthenes», – sollte ich mich da nicht der Bekanntheit meines Namens freuen? Ich freue mich in der Tat, und ich sage, daß ich mich freue. Denn ich muß ja nicht befürchten, daß ich zu prahlerisch erscheine, da ich meine Beurteilung durch andere, nicht durch mich anführe, besonders bei Dir, der Du niemandem seinen Ruhm neidest und mir den meinen gönnst.

An Caninius

Ich bin auf ein wahres Geschehnis gestoßen, das aussieht wie erfunden; es ist würdig Deines heiteren, hohen, ganz dichterischen Geistes. Ich stieß darauf, als bei einem Mahle allerlei Wunderbares von hier und dort berichtet wurde. Der Erzähler verdient vollen Glauben. Freilich, was soll ein Dichter mit Glaubwürdigkeit? Aber es ist ein Erzähler, dem Du auch beim Schreiben eines Geschichtswerkes vertraut hättest.

In Afrika liegt die Siedlung Hippo dicht am Meere. Nahe dabei gibt es eine schiffbare Lagune; darin entsteht eine Strömung, wie ein Fluß, die hin und her, je nachdem die Gezeiten hinausdrücken oder hineintreiben, bald sich ins Meer ergießt, bald in die Lagune zurückfließt. Jung und alt hält sich hier auf zum Fischen, Bootfahren und besonders zum Schwimmen-Üben, vor allem die Knaben, denen das

tenetur, maxime pueri, quos otium lususque sollicitat. His gloria et virtus altissime provehi: victor ille, qui longissime ut litus ita simul natantes reliquit.

Hoc certamine puer quidam audentior ceteris in ulteriora tendebat. Delphinus occurrit, et nunc praecedere puerum nunc sequi nunc circumire, postremo subire deponere iterum subire, trepidantemque perferre primum in altum, mox flectit ad litus, redditque terrae et aequalibus.

Serpit per coloniam fama; concurrere omnes, ipsum puerum tamquam miraculum adspicere, interrogare audire narrare. Postero die obsident litus, prospectant mare et si quid est mari simile. Natant pueri, inter hos ille, sed cautius. Delphinus rursus ad tempus, rursus ad puerum. Fugit ille cum ceteris. Delphinus, quasi invitet et revocet, exsilit mergitur, variosque orbes implicat expeditque.

Hoc altero die, hoc tertio, hoc pluribus, donec homines innutritos mari subiret timendi pudor. Accedunt et adludunt et adpellant, tangunt etiam pertrectantque praebentem. Crescit audacia experimento. Maxime puer, qui primus expertus est, adnatat nanti, insilit tergo, fertur referturque, agnosci se amari putat, amat ipse; neuter timet, neuter timetur; huius fiducia, mansuetudo illius augetur. Nec non alii pueri dextra laevaque simul eunt hortantes monentesque.

Ibat una (id quoque mirum) delphinus alius, tantum spectator et comes. Nihil enim simile aut faciebat aut patiebatur, sed alte-
168 rum illum ducebat reducebat, ut puerum
169 ceteri pueri.

müßige Spiel Spaß macht. Für sie gilt es als rühmlich und mutig, möglichst weit hinaus zu schwimmen; Sieger ist, wer am weitesten das Ufer und die zugleich mit ihm Schwimmenden hinter sich läßt.

Bei diesem Wettkampf entfernte sich ein Knabe, kühner als die übrigen, besonders weit. Ein Delphin begegnet ihm; erst schwimmt er vor dem Knaben, dann hinter ihm her, nun umkreist er ihn, schließlich taucht er unter ihn, hebt ihn hoch und läßt ihn wieder herab, dann hebt er ihn wieder und trägt den Zitternden erst einmal auf die hohe See hinaus; aber bald wendet er sich wieder der Küste zu und bringt ihn an Land, zu seinen Kameraden.

Die Kunde davon läuft in der Siedlung um; alles rennt zusammen, bestaunt den Knaben wie ein Wunder, fragt, hört zu, erzählt es weiter. Am Tage darauf besetzen sie das Ufer, beobachten das Meer und alles, was dazu gehört. Die Knaben schwimmen hinaus, unter ihnen auch der Besagte, aber vorsichtiger. Der Delphin ist pünktlich wieder da, wieder bei dem Knaben. Der flieht mit den übrigen. Der Delphin, als wolle er ihn einladen und zurückrufen, springt empor, taucht unter, zieht verschiedene Kreise um ihn und gibt ihn frei.

Genau so am nächsten Tag, auch am dritten, auch an den folgenden, bis die von klein auf ans Meer gewöhnten Kinder sich wegen ihrer Ängstlichkeit schämen. Sie schwimmen an ihn heran, spielen mit ihm, rufen ihn, berühren ihn sogar und betatschen ihn, was er sich gefallen läßt. Die Kühnheit wächst mit dem Versuch. Vor allem der Knabe, der es als erster erlebt hatte, schwimmt an ihn heran, schwingt sich auf seinen Rücken, wird fort- und wieder zurückgetragen, glaubt, von ihm gekannt, geliebt zu sein, und liebt ihn selber; keiner fürchtet sich, keiner wird gefürchtet; das Zutrauen des Knaben, die Zahmheit des Delphins nehmen zu. Auch andere Knaben schwimmen zugleich zur Rechten wie zur Linken, ermutigen sie und feuern sie an.

Und noch ein Wunder: ein zweiter Delphin kam dazu, aber nur als Zuschauer und Begleiter; denn nichts ähnliches tat oder duldete er, sondern er geleitete nur den anderen hin und zurück, wie den Knaben seine Gefährten.

Incredibile, tam verum tamen quam priora, delphinum gestatorem collusoremque puerorum in terram quoque extrahi solitum, harenisque siccatum, ubi incaluisset in mare revolui. Constat Octavium Avitum, legatum proconsulis, in litus educto religione prava superfudisse unguentum, cuius illum novitatem odoremque in altum refugisse, nec nisi post multos dies visum languidum et maestum, mox redditis viribus priorem lasciviam et solita ministeria repetisse.

Confluebant omnes ad spectaculum magistratus, quorum adventu et mora modica res publica novis sumptibus atterebatur. Postremo locus ipse quietem suam secretumque perdebat: placuit occulte interfici, ad quod coibatur.

Haec tu qua miseratione, qua copia deflebis ornabis attolles! Quamquam non est opus adfingas aliquid aut adstruas; sufficit ne ea quae sunt vera minuantur. Vale.

IX,36 C. PLINIVS FVSCO SVO S.

Quaeris, quemadmodum in Tuscis diem aestate disponam. Evigilo cum libuit, plerumque circa horam primam, saepe ante, tardius raro. Clausae fenestrae manent; mire enim silentio et tenebris ab iis quae avocant abductus et liber et mihi relictus, non oculos animo sed animum oculis sequor, qui eadem quae mens vident, quotiens non vident alia. Cogito si quid in manibus, cogito ad verbum scribenti emendantique
170 similis, nunc pauciora nunc plura, ut vel dif-
171 ficile vel facile componi tenerive potuerunt.

Unglaublich, aber so wahr wie das vorige: Der Delphin, Tragtier und Spielgefährte, gewöhnte sich sogar daran, an Land gezogen zu werden und, wenn er auf dem Sand trocken und es ihm zu heiß geworden war, sich ins Meer zurückzuwälzen. Verbürgt ist auch, daß Octavius Avitus, Legat des Statthalters, das auf den Strand herangezogene Tier aus albernem Aberglauben mit Salböl übergossen hat; vor dessen Öligkeit und Geruch floh es aufs hohe Meer und ließ sich erst nach vielen Tagen wieder sehen, matt und traurig; bald aber war es wieder bei Kräften und begann wieder mit der früheren Munterkeit und den gewohnten Kunststücken.

Alle Beamten der Region strömten zu dem Schauspiel zusammen; durch ihre Ankunft und ihren Aufenthalt wurde das bescheidene Gemeinwesen mit neuen Ausgaben fast zugrundegerichtet. Zuletzt ging dem Ort seine Ruhe und Einsamkeit verloren; man beschloß das Ziel dieses Zulaufes heimlich umzubringen.

Mit wie viel Mitgefühl, mit welcher Fülle wirst Du das beklagen, ausschmücken, steigern! Obwohl es nicht nötig ist, etwas hinzuzuerfinden oder hinzuzufügen; es genügt, wenn das, was wahr ist, nicht kleiner gemacht wird.

An Fuscus

Du fragst, auf welche Weise ich im Sommer in Tuscien den Tag einteile. Ich wache auf, wann ich mag, meist um die erste Stunde, oft früher, selten später. Die Fenster bleiben geschlossen. Wunderschön ist es nämlich, durch Stille und Dunkelheit von all dem, was ablenkt, entfernt und frei zu sein; mir selbst überlassen, folge ich nicht den Augen mit dem Geist, sondern dem Geist mit den Augen, die ja das sehen, was der Geist sieht, sofern sie nichts anderes sehen. Ich denke über das nach, was ich gerade unter den Händen habe, bedenke jedes Wort, wie einer, der niederschreibt oder ausstreicht, und zwar weniger oder mehr, je nachdem etwas schwer oder leicht umgestellt oder beibehalten werden konnte.

Notarium voco et die admisso quae formaveram dicto; abit rursusque revocatur rursusque dimittitur.

Vbi hora quarta vel quinta (neque enim certum dimensumque tempus), ut dies suasit, in xystum me vel cryptoporticum confero, reliqua meditor et dicto.

Vehiculum ascendo. Ibi quoque idem quod ambulans aut iacens; durat intentio mutatione ipsa refecta. Paulum redormio, dein ambulo, mox orationem Graecam Latinamve clare et intente non tam vocis causa quam stomachi lego; pariter tamen et illa firmatur.

Iterum ambulo ungor exerceor lavor. Cenanti mihi, si cum uxore vel paucis, liber legitur; post cenam comoedia aut lyristes; mox cum meis ambulo, quorum in numero sunt eruditi. Ita variis sermonibus vespera extenditur, et quamquam longissimus dies bene conditur.

Non numquam ex hoc ordine aliqua mutantur; nam, si diu iacui vel ambulavi post somnum demum lectionemque non vehiculo sed, quod brevius quia velocius, equo gestor. Interveniunt amici ex proximis oppidis, partemque diei ad se trahunt interdumque lasso mihi opportuna interpellatione subveniunt. Venor aliquando, sed non sine pugillaribus, ut quamvis nihil ceperim non nihil referam. Datur et colonis, ut videtur ipsis, non satis temporis, quorum mihi agrestes querelae litteras nostras et haec urbana opera commendant. Vale.

Dann rufe ich meinen Schreiber, lasse den Tag herein, sage ihm an, was ich formuliert habe; er geht, wird wieder zurückgerufen und wieder weggeschickt.

Um die vierte oder fünfte Stunde – ich habe keine genau festgelegte Zeit – begebe ich mich, je nachdem, wie ein Tag es nahelegt, auf die Terrasse oder in die bedeckte Halle, denke über das weitere nach und diktiere.

Dann steige ich in einen Wagen. Dort das gleiche wie im Auf- und Abgehen oder wie im Liegen; die Wachheit hält an, durch den Wechsel sogar aufgefrischt. Ich schlafe ein wenig, dann gehe ich spazieren, danach lese ich eine griechische oder lateinische Rede, laut und mit Betonung, nicht so sehr der Stimme als des Magens wegen; doch wird zugleich auch die Stimme gekräftigt.

Wiederum gehe ich spazieren, lasse mich salben, turne, bade. Während des Mahles wird, wenn meine Frau oder nur wenige Gäste dabei sind, aus einem Buch vorgelesen; nach dem Mahle eine Komödie oder Lautenspieler; dann mache ich einen Gang mit meinen Leuten, unter denen gebildete Männer sind. So zieht sich der Abend mit verschiedenen Gesprächen hin, und auch der längste Tag vergeht rasch.

Manchmal ändert sich etwas an diesem Ablauf. Denn wenn ich länger gelegen habe oder spazierengegangen bin, mache ich mich erst nach dem Schlaf und der Lesung auf den Weg, und zwar nicht im Wagen, sondern – weil kürzer, da schneller – zu Pferde. Mitunter kommen Freunde aus Nachbarorten, nehmen einen Teil des Tages in Anspruch – manchmal kommen sie mir, wenn ich ohne rechten Schwung bin, als willkommene Störung gerade recht. Gelegentlich gehe ich jagen, nie ohne Schreibtäfelchen, um auch dann, wenn ich nichts erjage, doch etwas heimzubringen. Auch meinen Pächtern widme ich Zeit, wie sie meinen: nicht genug; ihre ländlichen Beschwernisse machen mir meine Schreibtischarbeit und diese städtischen Tätigkeiten lieb und wert.

X,96 C. PLINIVS TRAIANO IMPERATORI

Sollemne est mihi, domine, omnia de quibus dubito ad te referre. Quis enim potest melius vel cunctationem meam regere vel ignorantiam instruere?

Cognitionibus de Christianis interfui numquam: ideo nescio quid et quatenus aut puniri soleat aut quaeri. Nec mediocriter haesitavi, sitne aliquod discrimen aetatum, an quamlibet teneri nihil a robustioribus differant; detur paenitentiae venia, an ei, qui omnino Christianus fuit, desisse non prosit; nomen ipsum, si flagitiis careat, an flagitia cohaerentia nomini puniantur.

Interim, in iis qui ad me tamquam Christiani deferebantur, hunc sum secutus modum. Interrogavi ipsos an essent Christiani. Confitentes iterum ac tertio interrogavi supplicium minatus: perseverantes duci iussi. Neque enim dubitabam, qualecumque esset quod faterentur, pertinaciam certe et inflexibilem obstinationem debere puniri. Fuerunt alii similis amentiae, quos, quia cives Romani erant, adnotavi in urbem remittendos.

Mox ipso tractatu, ut fieri solet, diffundente se crimine plures species inciderunt. Propositus est libellus sine auctore multorum nomina continens. Qui negabant esse se Christianos aut fuisse, cum praeeunte me deos adpellarent et imagini tuae, quam propter hoc iusseram cum simulacris numinum adferri, ture ac vino supplicarent, praeterea male dicerent Christo, quorum nihil cogi posse dicuntur qui sunt re vera Christiani, dimittendos putavi.

174 Alii ab indice nominati esse se Christia-
175 nos dixerunt et mox negaverunt; fuisse qui-

Es ist mir sehr wichtig, Herr, alles, was mir zweifelhaft ist, Dir vorzutragen. Wer könnte mich in meiner Unentschlossenheit führen, mir in meiner Unwissenheit raten?

An Verhandlungen gegen Christen war ich früher nie beteiligt; daher weiß ich nicht, was und wie weit man zu strafen oder zu untersuchen pflegt. Ich war auch ganz unschlüssig, ob nicht das Lebensalter einen Unterschied machen soll, ob sich nicht einmal die ganz Jungen von den Älteren unterscheiden sollen, ob bei Reue Verzeihung gewährt werden soll oder ob es dem, der ganz und gar Christ gewesen ist, nichts helfen soll, sich abgekehrt zu haben; ob nicht der Name allein, auch wenn keine Verstöße vorliegen, oder nur Verstöße im Zusammenhang mit der Namensführung bestraft werden sollen.

Einstweilen bin ich mit denen, die mir als Christen gemeldet wurden, folgendermaßen verfahren: Ich habe sie gefragt, ob sie Christen seien. Die das zugaben, habe ich ein weiteres und ein drittes Mal unter Androhung von Strafe gefragt; die dabei verharrten, befahl ich abzuführen. Denn ich hatte keine Zweifel: Was es auch sein mochte, das sie bekannten, es mußte sicher als Starrsinn und unbeugsame Widersetzlichkeit bestraft werden. Es gab auch welche von gleicher Verblendung, die ich, da sie römische Bürger waren, zur Überstellung nach Rom vorgesehen habe.

Während der Beschäftigung damit ergaben sich, wie es oft geschieht, in dem Maße, wie sich das Vergehen ausbreitete, mehrere Arten von Fällen. Mir wurde eine Schrift ohne Verfassernamen vorgelegt, die viele Namen enthielt. Diejenigen, die bestritten, daß sie Christen seien oder gewesen seien, glaubte ich außer Verfolgung setzen zu müssen, da sie nach meinem Beispiel die Götter anriefen und vor Deinem Bilde, das ich zu diesem Zweck mit den Götterbildern hatte bringen lassen, mit Weihrauch und Wein opferten, außerdem Christus schmähten, wozu wirkliche Christen angeblich nicht gezwungen werden können.

Andere, die der Angeber genannt hatte, bekannten sich erst als Christen und bestritten es dann wieder; sie seien es

dem sed desisse, quidam ante triennium, quidam ante plures annos, non nemo etiam ante viginti. Hi quoque omnes et imaginem tuam deorumque simulacra venerati sunt et Christo male dixerunt. Adfirmabant autem hanc fuisse summam vel culpae suae vel erroris, quod essent soliti stato die ante lucem convenire, carmenque Christo quasi deo dicere secum invicem seque sacramento non in scelus aliquod obstringere, sed ne furta ne latrocinia ne adulteria committerent, ne fidem fallerent, ne depositum adpellati abnegarent. Quibus peractis morem sibi discedendi fuisse rursusque coeundi ad capiendum cibum, promiscuum tamen et innoxium; quod ipsum facere desisse post edictum meum, quo secundum mandata tua hetaerias esse vetueram. Quo magis necessarium credidi ex duabus ancillis, quae ministrae dicebantur, quid esset veri, et per tormenta quaerere. Nihil aliud inveni quam superstitionem pravam et immodicam.

Ideo dilata cognitione ad consulendum te decucurri. Visa est enim mihi res digna consultatione, maxime propter periclitantium numerum. Multi enim omnis aetatis, omnis ordinis, utriusque sexus etiam vocantur in periculum et vocabuntur. Neque civitates tantum, sed vicos etiam atque agros superstitionis istius contagio pervagata est; quae videtur sisti et corrigi posse. Certe satis constat prope iam desolata templa coepisse celebrari, et sacra sollemnia diu intermissa repeti passimque venire carnem victimarum, cuius adhuc rarissimus emptor inveniebatur. Ex quo facile est opinari, quae turba hominum emendari possit, si sit paenitentiae locus.

zwar gewesen, hätten dann aber davon abgelassen, manche vor drei Jahren, manche vor noch mehr Jahren, einzelne sogar vor zwanzig Jahren. Alle diese bezeigten Deinem Bilde und den Götterbildern ihre Verehrung und schmähten Christus. Sie versicherten übrigens, ihre ganze Schuld oder Verfehlung habe darin bestanden, daß sie immer an einem festgesetzten Tag vor Sonnenaufgang zusammenkamen, Christus wie einem Gott ein Lied darbrachten, im Wechselgesang, und sich eidlich verpflichteten –

nicht etwa zu irgendeinem Verbrechen, sondern dazu, keinen Diebstahl, keine Räuberei, keinen Ehebruch zu begehen, nicht wortbrüchig zu werden, anvertrautes Gut auf Mahnung nicht zu verweigern. Nach dieser Handlung sei es ihr Brauch gewesen, sich zu trennen und dann wieder zusammenzukommen, um Speise zu sich zu nehmen, jedoch übliche und unschädliche; aber davon hätten sie Abstand genommen, nach meinem Erlaß, durch den ich gemäß Deiner Anordnung Geheimbünde verboten hatte. Um so mehr hielt ich es für nötig, aus zwei Mägden, die Helferinnen genannt werden, herauszubekommen, was wahr sei, und zwar unter der Folter. Nichts anderes fand ich als verschrobenen, maßlosen Aberglauben.

Darum habe ich die Ermittlung vertagt und beeile mich, Deinen Rat einzuholen. Die Sache scheint mir nämlich einer Anfrage wert zu sein, vor allem wegen der großen Zahl der Gefährdeten; denn viele jeden Alters, jeden Ranges, auch beiderlei Geschlechts sind der Gefahr ausgesetzt und werden es künftig sein. Nicht nur über die Städte, sondern auch über die Dörfer und das flache Land hat sich die Seuche dieses Aberglaubens ausgebreitet; mir scheint, sie könnte zum Stillstand gebracht und geheilt werden. Es ist wohl ziemlich sicher, daß die fast verlassenen Tempel bald wieder zahlreicher besucht, daß die lange eingestellten feierlichen Opfer wieder aufgenommen werden, daß wieder überall Fleisch von Opfertieren verkauft wird, für das kaum noch ein Käufer zu finden war. Daraus kann man leicht ermessen, welche Menge Menschen gebessert werden kann, wenn es Gelegenheit zu reuiger Umkehr gibt.

X,97 TRAIANVS PLINIO

Actum quem debuisti, mi Secunde, in excutiendis causis eorum, qui Christiani ad te delati fuerant, secutus es. Neque enim in universum aliquid, quod quasi certam formam habeat, constitui potest. Conquirendi non sunt; si deferantur et arguantur, puniendi sunt, ita tamen ut, qui negaverit se Christianum esse idque re ipsa manifestum fecerit, id est supplicando dis nostris, quamvis suspectus in praeteritum, veniam ex paenitentia impetret. Sine auctore vero propositi libelli in nullo crimine locum habere debent. Nam et pessimi exempli nec nostri saeculi est.

Traian an Plinius

Du hast, mein Secundus, die Richtlinien bei der Untersuchung der Fälle derer, die als Christen angezeigt waren, pflichtgemäß befolgt. Zur allgemeinen Anwendung kann ja noch nichts erlassen werden, was bereits verbindlich formuliert wäre. Aufspüren soll man sie nicht; werden sie angezeigt und überführt, sind sie zu bestrafen, aber so, daß derjenige, der bestreitet, Christ zu sein, und der das durch eine bestimmte Handlung bekräftigt – das heißt: durch Anbeten unserer Götter –, auch dann, wenn seine Vergangenheit verdächtig ist, Gnade wegen reuiger Umkehr erlangt. Ohne Verfassernamen vorgelegte Anschuldigungen sind aber bei keinem Straffall am Platz. Denn das wäre ein übles Beispiel und steht unserer Zeit nicht an.

Verzeichnis der Briefe mit einigen Sachanmerkungen

Editorische und bibliographische Notiz

Der Herausgeber dieses Buches, Curt Loehning, geboren am 9. 3. 1905, ist während der Arbeit daran, am 25. 10. 1983 gestorben. Er hatte die Briefe ausgewählt und übersetzt. Die Übersetzung sollte im Gespräch zwischen ihm und der Redaktion dtv zweisprachig in die endgültige Gestalt gebracht werden. Diese Fassung war nun ohne Curt Loehning zu erstellen. Dabei war sein Vorsatz und Ansatz zu respektieren, der Ausdrucksweise des jüngeren Plinius möglichst noch etwas näher zu kommen, als es den beiden – hoch zu rühmenden – Übersetzungen von Helmut Kasten und André Lambert gelungen ist.

Für allerschätzenswerteste Mitarbeit bei diesem Bemühen ist Lieselotte Büchner zu danken.

C. Plini Caecili Secundi Epistularum libri decem, recognovit brevique adnotatione critica instruxit R. A. B. Mynors, Oxoni, e typographeo Clarendoniano = Oxford University Press, 1963 (1966, 1982).

Diesem Text folgt der unsere. Wir haben lediglich statt des Buchstabens (der Minuskel) v ein u gesetzt, wo wir u sprechen, und einige Absätze und Satzzeichen geändert.

C. Plini Caecili Secundi Epistularum libri decem / Gaius Plinius Caecilius Secundus: Briefe. Lateinisch-deutsch ed. Helmut Kasten. Komplette zweisprachige Ausgabe mit sehr reichhaltigem Apparat, 710 Seiten. Tusculum-Bücherei, Heimeran Verlag München 1968, ^{4}1979. Die Tusculum-Bücherei erscheint heute im Artemis Verlag Zürich und München.

C. Plinius Caecilius Secundus: Sämtliche Briefe. Eingeleitet, übersetzt und erläutert von André Lambert. Eine sprachlich und typographisch sehr schöne Ausgabe einsprachig deutsch, 472 Seiten. Bibliothek der Alten Welt; Römische Reihe. Artemis Verlag Zürich und Stuttgart 1969; heute: Artemis Verlag Zürich und München.